2028年―
これから10年
稼げる人の条件

お金

MONEY
VERSION
3.6

3.6

2028 - Conditions of people
who can earn 10 years from now

田中保彦
YASUHIKO TANAKA

冬至書房

はじめに

きっとあなたは、これから10年稼ぎ続け、経済的な自由を手に入れるつもりで、この本を手に取ってくれたことでしょう。

しかし、前向きな気持ちでいるあなたには申し訳ないのですが、私自身10年ほど前、次の朝が来ることすら吐き気がするほどでした。そう、ある事件を境に、自分の未来すらまともに描くことができない状況まで追い込まれていたのです。

まずはその理由からお話させてください。


２００６年1月、33歳の私は輝きに満ちていました。

大手通信系企業の営業職を辞めた私は、故郷の兵庫県から北海道に移り住んでいました。退職したのは株式投資で生活することを決断したからであり、北海道で暮らすことにしたのは、新しい人生のスタートには未知の土地がふさわしく思えたからです。

当初、３００万円だった資金は、家が一軒買えるくらいの金額に増え、私は自分の選択の正しさを誇らしくすら思っていました。まさに順風満帆だったのです。

しかし、1月17日、ライブドアショックが発生しました。何ひとつ不自由のない豊かな将来を約束してくれていたはずの株は、あっけなくストップ安に……。

私は投資のために借り入れをしていましたから、**資金をすべて失ったうえに500万円の借金**が残りました。いきなり無一文になり、さらに借金まであると、痛切に感じることがあります。

「毎日、生活をすることは、こんなにもたいへんなことなのか」と。そして、それは闇です。闇のなかで必死にもがきました。どこかの会社に就職したところで、マイナス500万円から生活を立て直すことはできない。自分でビジネスを始めるほかない。

会社を辞めてからは投資一本で生活していましたから、ビジネスについての知識は一切ありません。新天地としてやって来た北海道ですから、ビジネスについて話し合えるような知り合いもいません。私は、わらにもすがる思いで何かヒントを得ようと、ミクシィにメッセージを送りました。

謎の人物から届いた一通のメール

すると、5分後に返信があったのです。

インターネットに無限の可能性を感じたのは、このときです。

私は、返信をくれたAさんとたびたび会って、ビジネスについての話をするように。最初のうちはとりとめのない話ばかりでしたが、私には、話の内容とは別に、Aさんについて気になることが出てきました。

Aさんは、私が誘うと、「いつでも」「すぐに」会ってくれるのです。不思議でした。私はAさんに、どうやって生計を立てているのか尋ねましたが、「ビジネスをしている」と返ってくるだけで、どんなビジネスなのかは明かしてくれません。はぐらかされるとますます興味がわきますから、私はしつこく尋ねました。

会うたびに質問していると、Aさんはついに根負けしました。

「インターネットでとある情報を売っているだけですよ」

情報？　謎はさらに深まるばかりです。売れる情報とは、どんなものだろう。私はスパイが盗み取るような、秘匿性の高い情報をイメージしました。

しかし、情報の内容についてのAさんの答は意外なものでした。Aさんは、多くの人がかかえている、あるコンプレックスの解消法を売っていたのです。


「暇だからコンビニでバイトをしているけど、たぶん、オーナーよりも僕のほうが収

入は多いよ」

これには衝撃を受けました。世の中にはそんなビジネスがあるのか。さらには、こんな人がいるんだ。インターネットはなんて大きな可能性を秘めているんだ。おそらくこの発明によって世界は大きく変わるに違いない。

そう直感した私は、その後すぐに自分のビジネスを始め、数年後、独立支援ビジネスの株式会社インフォトップ（現・ファーストペンギン）に入社し、インターネットを最大限活用した様々な改革をもたらし1年8ヵ月後に代表取締役に就任しました。

現在は同職を退いていますが、ビジネスや投資を教える立場であることに変わりはありません。

本物のお金持ちが実践していることとは!?

本書は**「真のお金持ちになる方法の考察」**であり、社会が激変する現代において、どのような考え方をしたらお金持ちになれるのか、10年後もお金持ちであり続けることができるのかについて述べています。

お金持ちになるには、起業をして、創業者利益を得るのが一番ですが、そのためには才能が必要です。誰にでもできることではありません。しかし、投資をすれば誰でもお金持ちになれます。

私はライブドアショックで全財産を失い、借金まで残しました。

しかし、いまは投資の失敗を経験してよかったとさえ思っています。それは、わりと早い時期にインターネットの可能性と出会えたということもありますが、投資そのものを正しく理解するきっかけになったという意味合いのほうが大きいのです。

私は投資について、失敗をしないですむだけの勉強をしました。ライブドアショックでなぜ失敗したのか、理由を突き詰めるとそれは勉強不足だったのです。

投資対象の特質、投資手法の特質を知り、そのときに最適の投資をすることで、資金は大きく増えます。本書を読むと、あなたはその方法を知り、お金持ちになることができます。

社会に革命を起こす「お金3・6」とはなにか

本書では、メソポタミアやエジプトなどの古代文明で使われた金貨や銀貨、すなわち、**現在の法定通貨の原型を「お金1・0」と定義しています。**

人間社会は紙幣を考案したり、電子マネーを発明したりして、「お金1・0」をバージョンアップしてきました。そのたびに「お金1・x」の「x」は更新されますが、国家が管理するお金という点では、「お金1・0」となんら変わっていません。企業が管理者となる電子マネーも、データ化されているのは法定通貨です。

ところが、2009年に初の仮想通貨であるビットコインが登場して、従来とは明らかに異なるお金の世界が現出しました。

国家が管理する法定通貨の「お金1・x」に対して、ブロックチェーンという技術を用いた仮想通貨は特定の管理者を必要としません。この違いは決定的であり、仮想通貨を「お金1・x」のバージョンアップ版と位置づけることはできないのです。

仮想通貨は「お金2・0」ということになります。

それほど仮想通貨の登場は革新的なことなのですが、早晩、お金の世界はさらなる変貌を遂げることになります。それは「お金1・x」とも「お金2・0」とも概念がまったく異なる「お金3・0」の登場です。

それは、**AIが構築し、AIが管理するお金のシステム**です。

法定通貨「お金1・x」と仮想通貨「お金2・0」の決定的な違いは、前者は国家が管理し、後者は特定の管理者がいないということ。特定の管理者がいないとしても、不特定多数による監視システムはあるわけで、「人間」が管理することに変わりはありません。

ところが、AIが管理する「お金3・0」の世界では、人間の管理を必要としません。「お金3・0」の登場により、これまでの常識やルール、システムなどは一変するでしょう。

時代の流れをみればAIによる「お金3・0」の出現は、そう遠くないことがわかります。

「3・6」とした理由は360度という意味をもたせることで、お金が人類史を1周し、人が必要とするモノを結ぶ、純粋な物々交換の媒介物に戻ったとき、私たちは、お金の真の有用性に気づくだろうという予言的なメッセージでもあります。

本書の内容をあなただけに簡単にご紹介します

各章の概要は以下のとおりです。

第1章では、私たちを取り巻く経済と社会の状況を説明しています。多くの人が漠然とした不安感を抱いているだけで、本質的には気づいていない危機的な状況を明らかにし、**危機への対応策**を示しています。

第2章では、**お金の秘密**を解き明かしています。多くの人が価値を信じているお金の本当の価値、貯蓄と投資の関係、経済危機と個人の生活の関係、お金の過去と未来など、すべての人が知っておくべき、お金の話です。

第3章では、現在、**資産家でも経営者でもないふつうの人がお金を増やす唯一の方法である投資**について説明しています。投資のジャンルや手法といった基礎知識を中心に、いま、最良の投資とは何かが読み解けるようにしています。

第4章では、10年後の2028年までに起こる**経済関連の変化**を予測しています。AIやEVシフトなどがもたらす社会の激変は、個人の生活を直撃します。そうした厳しい時代にあって、10年間をどのように生きればお金持ちであり続けることができるのかを考察します。

第5章では、新技術によって社会構造そのものが変化することを見据え、そのうえで**どのように考え、行動すればいいのか、そのプランを提示します。**題材は新技術とビジネスの関係やリスク管理など、多岐にわたります。

また、第5章では、タイトルに「お金3・6」という聞き慣れない言葉を用いた真意を記しています。近い将来、確実に登場すると推測できる「お金3・0」について、および、私が「お金3・6」という言葉に込めた思いについては、本編をお読みください。

二極化する社会で勝ち続けるために

多くの人は「労働」が仕事ですが、お金持ちは「労働」を仕事とは考えません。お金持ちにとっての仕事とは「ビジネス」です。

自分が「労働」することによって得られる収入はフロー収入であり、「損益計算書」で財務をあらわすレベルの生活しかできません。お金持ちは、自分が「労働」をしなくても収入を生み出す「ビジネス」をしています。

コツコツ働くことは美徳とされ、「稼ぎに追いつく貧乏なし」などという格言もあります。たしかに、精を出して働けば貧乏にはならずにすむでしょうが、お金持ちにはなれません。

お金持ちになるには、ストック収入の資産を増やすことです。たとえば、利益を出す企業の株をもっていれば配当金を得ることができますし、賃貸住宅をもっていれば家賃収入を得ることができます。

しかし、株や不動産を手にするには元手が必要です。ふつうの生活をしている人が、すぐに株や不動産でストック収入を得ることはできません。

お金をもっていない人がお金持ちをめざす第一歩は、**少額からスタートできる投資**をすることです。最もふさわしい投資のジャンルを選び、最も的確な手法で投資をする。そして、大切なのは押し寄せる格差社会の波にいまから準備しておくことです。

お金持ちばかりがますますお金を増やし、お金をもっていない人は、ジリ貧になっていく。現在、そんな貧富の差が拡大していると言われています。

残念ながら、それは紛れもない事実です。

投資の元手となる資金が豊富なお金持ちは、利回りが低く、安全性の高い金融商品で運用していても、確実にお金が増えていきます。

仮に3億円の資産をもっている人が、年3％の利回りで運用できれば、年間900万円の収入を得られます。それだけで一般のサラリーマンの年収を大きく超えることになります。

ですから、多くの人は「自分は一生、裕福な生活などかなわない。なんとかギリギリの生活を続けるだけで精一杯だ」とあきらめてしまいます。

しかし、この本を手にしたあなたは一つの希望を手にしたといえます。

未来というのは、「いま」という準備の積み重ねです。

そして、準備に早過ぎるということはありません。

いまこの瞬間から、豊かで価値ある未来の計画をしていきましょう。

「経験とは、あなたに起こったことではない。
起こったことに対してあなたのしたことである」
——オルダス・ハクスリー（小説『すばらしい新世界』著者）

お金3・6　2028年——これから10年稼げる人の条件　目次

第1章

資本主義と貨幣経済の崩壊

第2章 誰も教えてくれないお金の本質

第3章 全国民投資時代の到来

第4章 2028年、この世界はどうなっているのか？

第5章 これから10年稼ぎ続ける人の条件

あとがき

第1章

資本主義と貨幣経済の崩壊

収入や資産と心の状態はリンクする

内閣府では行政の基礎資料とするために、毎年、調査員が統計学的に抽選された国民を訪問して行う「国民生活に関する世論調査」を実施しています。そこには「日常生活での悩みや不安」という項目があるのですが、2017年6月の調査によると、「悩みや不安を感じている」と回答した人は63・1％（サンプル数1万人／有効回答数6319人）にのぼりました。

また、「悩みや不安を感じている」と回答した人を対象とした「悩みや不安の内容」（複数回答）は、1位が53・5％の「老後の生活設計について」で、以下、52・1％の「自分の健康について」、42・1％の「家族の健康について」、39・7％の「今後の収入や資産の見通しについて」、32・0％の「現在の収入や資産について」と続きます。**1位の「老後の生活設計」は収入や資産と不可分ですから、現在の国民がかかえている悩みや不安の最たるものは収入や資産に関すること**と捉えていいでしょう。

経済的に豊かではなくても、心が満たされていれば人生は充実するという論があります。しかし、収入や資産と心の状態はリンクするのが現実であり、その証左となるのが1991年5月に実施された同調査です。この年、「悩みや不安を感じている」と回答した人は半数以下の46・8%。一方、「悩みや不安を感じていない」と回答した人は51・0%でした。ちなみに前年の1990年5月の調査では前者が51・0%、後者が46・8%で、ちょうど反転しています。

1991年5月といえばバブルの崩壊期に突入した直後で、景気は下降していましたが、多くの国民にとってはその実感がなかった時期です。結果的に錯覚だったとはいえ、一般的には収入や資産は今後も増え続けていくと考えられていました。だからこそ、国民の過半数が悩みや不安と無縁でいられたのです。

定年後は「年金暮らし」という幻想に惑わされるな

やっかいなのは、国民がかかえている悩みや不安が根拠なきものではなく、日本の現状を正しく反映したものであることです。

2017年5月、経済産業省が産業構造審議会総会で配布した資料、「不安な個人、立ちすくむ国家~モデル無き時代をどう前向きに生き抜くか~」の内容が報道され、話題を呼びました。この資料は、同省の20~30代の若手で構成された「次官・若手プロジェクト」が作成したもので、国民が抱いている漠然とした不安や不満を、わかりやすく明文化、図式化していました。そこから見えてきたのは、若きエリートたちが憂慮する、先行き不透明な日本の現状です。

たとえば、人生設計に関するものでは、次のような記述があります。

「サラリーマンと専業主婦で定年後は年金暮らし」という「昭和の人生すごろく」のコンプリート率は、すでに大幅に下がっている。

そこに添えられた図表を見ると、「結婚して、出産して、添いとげる」という女性の「家族」コンプリート率は、1950年代生まれが100人中81人であるのに対し、80年代生まれは58人。「正社員になって定年まで勤め上げる」という男性の「仕事」コンプリート率は、50年代生まれが34人であるのに対し、80年代生まれは27人。背景には、未婚・離婚の増加や、非正規雇用の増加などがあります。

資料には、ほかにも、「母子世帯の貧困は社会のひずみの縮図であり、対症療法的な金銭給付だけが解決策ではない」「既存メディアに対する信頼は低下し、ソーシャルメディアが信頼される傾向」など、現状認識と問題提起が続き、**「日本は、アジアがいずれ経験する高齢化を20年早く経験する。これを解決していくのが日本に課せられた歴史的使命であり挑戦しがいのある課題ではないか」**と結んでいます。

東芝が巨額の損失を被った本当の理由

日本は人類史上、前例のない超高齢社会に突入しているわけですから、国民が将来に不安を感じるのは当然でしょう。しかし、この本を手にしていただいたあなたはもう大丈夫です。すでにただの傍観者ではありません。

そこでまず、すべきことは現状の正しい認識です。

経済産業省の資料にあるように、「昭和の人生すごろく」は崩壊しています。いまだに多くの人が企業に正規雇用されることで安心を手に入れようとしていますが、仮に大企業に就職したとしても、安心が確約されるものではありません。

経済のグローバル化が進んだことにより、企業はビジネスチャンスが拡大した一方で、企業の存続に関わる巨大なトラブルが発生するリスクも高まりました。

２０１５年以降、大きなニュースとなっていた東芝問題も、経済のグローバル化のなかで発生しています。Ｍ＆Ａ（企業の合併・買収）は企業の規模を拡大し、また、企業価値を高めるために行われますが、判断を誤ると多大なリスクが生じることもあり、東芝問題はその典型なので簡単に振り返ってみましょう。

東芝は２０１５年2月、証券取引等監視委員会から調査が入ったことによって不正会計が発覚。その後、アメリカの子会社ウェスティングハウス・エレクトリック・カンパニー（ＷＨ社）が巨額の損失をかかえていることが明らかになりました。

ＷＨ社は原子炉の設計、制御、計測、サービスとメンテナンス、核燃料などを扱う原子力関連企業であり、東芝は米ゼネラル・エレクトリックと日立製作所の連合や三菱重工と競った末、２００６年に買収しました。その結果、東芝は原子炉装置の世界三大メーカーの一つという地位を手に入れたのですが、ＷＨ社が原子力サービス会社ストーン＆ウェブスター（Ｓ＆Ｗ社）を買収したことにより、事態は暗転します。

ＷＨ社がＳ＆Ｗ社を買収した当初、Ｓ＆Ｗ社の資産価値は１０５億円と試算されていたのですが、蓋を開けてみると、実際には7000億円規模の巨額損失をかかえていることがわかったのです。WH社の不手際ではあっても、責任を負うのは親会社の東芝であり、東芝は巨額の損失を被ることになりました。

創業140年の名門企業が上場廃止!?

東芝の経営は迷走状態となり、決算における監査法人との調整が難航。2017年2月14日に予定していた2016年4月~12月期決算の開示が見送られることになりました。上場企業としては異例の事態です。

その後、3月14日にも決算発表を再延期。4月11日に、監査法人の意見をつけない形で、2016年4月~12月期の最終赤字が5325億円と発表しています。次いで、5月15日には2017年3月期の連結業績の暫定値を発表し、それによると連結純損益は9500億円の赤字、5400億円の債務超過となり、上場廃止も真実味を帯びてきたのです。

東芝は半導体事業の売却による企業の存続をめざし、売却先の二転三転はあったものの、９月20日、取締役会において、米ファンドのベインキャピタルが主導し、韓国の半導体大手ＳＫハイニックスが参加する日米韓連合に売却することを決定しました。また、11月19日の取締役会では約６０００億円の第三者割当増資を決議。これにより、債務超過を免れ、上場廃止は回避されることになりました。

　上場企業としての東芝は残ったものの、ルーツとなる電信機工場の創設から１４０年以上の歴史を刻む大企業が、手負いの状態であることに変わりはありません。

経営危機や不祥事が続出するカオスな時代

　２０１７年には大型の経営破たんもありました。

　６月26日、エアバッグのリコール問題で業績が悪化していたタカタが民事再生法の適用を東京地方裁判所に申請し、受理されたのです。米国子会社なども日本の民事再生法にあたる米連邦破産法11条の適用を申請しています。

　タカタが発表した負債総額は約３８００億円ですが、各自動車メーカーが立て替えているリコール費用を含む負債総額は約１兆７０００億円になる見込みで、日本の製造業の経営破たんとしては戦後最大となりました。

同じ製造業でも、東芝が経営危機に陥ったケースとタカタが経営破たんしたケースでは、トラブルの内容は違います。しかし、グローバル化を果たしているほどの大企業といえども、一寸先は闇であることを示していることに変わりはありません。

2017年、製造業については、神戸製鋼のアルミニウム・銅・鉄鋼の検査データ不正、日産自動車とスバルの無資格検査など、不祥事も相次いで報じられました。

株式投資については第3章であらためて取り上げますが、**外部からは見えないところで行われる不正は、当然、投資家に損失を与えます。**神戸製鋼の場合、10月8日に不正が公表されると、市場の翌営業日となる10日は制限値幅上限となる300円安で、ストップ安となっています。

お金を預かる銀行ですら大規模なリストラを敢行

日経平均株価は2017年9月29日の終値2万356円28銭から上昇を続け、10月24日には過去最長の14営業日連続を上回る16営業日連続上昇を記録。終値は2万18

05円17銭でした。しかし、この間、神戸製鋼株はストップ安となっています。企業の劣化が散見されるいま、株式投資にも相応のリスクがあるのです。

金融機関の経営も安泰ではないようです。

2017年の暮れも押し迫った12月30日、三菱東京UFJ銀行、三井住友銀行、みずほ銀行の3メガバンクが、銀行口座の維持にかかる費用を手数料として徴収できるか検討を始めていることが明らかになりました。

日銀のマイナス金利政策で銀行が利益を出しにくくなったことが最大の要因とされ、平成30年度中にも結論を出すとされています。

企業向け貸し出しが伸び悩むなか、銀行は収益改善を迫られています。そのために導入を急いでいるのがAI（人工知能）であり、今後はAIによって効率化を図った店舗の統廃合が進みます。その結果、3メガバンク合算で3万2000人分の業務量が減ると考えられ、これはすなわち、リストラの断行を意味しています。

かつては給与が高いことに加えて、将来に対する絶対的な安心感があることから人気の就職先であった銀行ですら、リストラの嵐が吹き荒れるのです。「昭和の人生すごろく」という幻影を追ってはいけません。

混沌とした社会で貯蓄信仰するバカ

ここまで、2017年に報道された経済ニュースを振り返ってきました。すでに明らかになっていることをあらためて記したのは、経済面における日本の現状を、事実に基づいて正しく認識するためです。

本書のテーマをひと言で述べるなら、**「真のお金持ちになる方法の考察」**ですが、その前提となるのが現状認識です。

戦後の経済成長期に形づくられた「昭和の人生すごろく」は、多くの企業が終身雇用、年功序列という雇用制度を廃止したことにより、崩壊しました。企業に勤めていれば、年々、収入が上がり、相応の貯蓄をしていれば資産が形成できるという時代は終わったのです。

私が日本国民の大きな問題と捉えているのは、これだけドラスティックに時代が変化しても、貯蓄信仰は以前のままで、大多数が資産運用という発想をもたないことです。低金利が長く続き、お金を銀行に預けていても増えないのに、多くの人は貯蓄こそが資産管理の最善策だと考えています。

お金が増えることを望まない人は皆無でしょう。しかし、貯蓄をしていてもお金は増えないのに、黙認しているのが日本国民なのです。

ここで読者のみなさんに質問があります。

「お金を増やす方法はいくつあると思いますか？」

答は次の二つです。

①収入を増やし、それを貯める。
②資産を保有し、運用する。

経済用語を使うと、①は「フローでお金を増やす」、②は「ストックでお金を増やす」ということになります。

労働しなくても収入がある仕組み

サラリーマンが会社から給料を得るのはフロー収入であり、貯蓄にまわす余裕のある給料を得ているかぎり、お金は確実に増えますが、金額に限界があることは明らかです。出世すれば給料は上がるでしょうが、低金利の時代であり、給料＋αの収入を得ることはほとんどできません。

また、非正規雇用などで低賃金の場合は給料を貯蓄にまわすことができないので、お金を増やすことは不可能でしょう。

フロー収入には危うさもあります。体調を崩して働けなくなったり、リストラされたり、勤めている会社が倒産したりすれば収入は途絶え、お金を増やすどころではなくなります。

一方、金融商品の運用益や不動産の賃貸料などで稼ぐのがストック収入です。

ストック収入の特徴は、自分が労働しなくても収入があることです。見方を変えれば、ストック収入を得ながら、労働をしてフロー収入を得ることもできます。また、体調を崩してもストック収入は確保できます。

ストック収入は、どのように資産運用をするかで、フロー収入とは比べものにならないほどの大きな収入を得ることも可能です。リスク管理をしっかりしておけば、運用の失敗で資産が大きく減るということもありません。

フロー収入とストック収入。お金持ちになることをめざすのなら、どちらを選択すればいいかは自明でしょう。

弁護士が生活に困りアルバイトをする現実

フロー収入には、外的要因によって金額が左右されるという弱みもあります。

一例は、弁護士の収入です。かつては高収入が約束された花形職業でしたが、国が1999年から進めた司法制度改革によって弁護士の供給過多となり、現在は弁護士としての活動のほかにアルバイトをしないと生活ができないというケースも見られるようになっています。

もちろん、M&Aやエクティファイナンス（証券発行などの株主資本の増加をもたらす資金調達）、企業不祥事対応といった企業法務を担当して億単位の年収を稼ぐエリート弁護士もいますが、一般的な会社員と同等か、それ以下の収入しか得られない弁護士もいるのです。

国は司法サービスの充実を掲げて司法制度改革を実施しましたが、供給過多によって過払い金請求以外には実務経験を積めない弁護士や、国選弁護の仕事を手に余るほど受けて、結果的に質の悪い弁護しかできない弁護士が出現するなど、弁護士の質の低下を招いています。

それはともかく、国家資格有資格者は政策によって人数に変動があり、それは有資格者の収入に影響するのです。

難関の国家資格である公認会計士も供給過多になろうとしています。薬剤師も、国が調剤薬局の整理淘汰を進めるので、供給過多になるでしょう。資格を取るときにあてにしていたフロー収入は得られないかもしれないのです。

国家資格有資格者のフロー収入ですら盤石でない事実は、**フロー収入に頼って生活することの危うさ**を物語っています。

日本人はなぜ投資に対して消極的なのか

ストック収入を得たほうが経済的な豊かさを得られるのに、日本人はなぜ投資に対して及び腰になるのでしょうか。

理由を、投資を授業で扱わない学校教育に求める**「教育原因説」**があります。

欧米では、生活に必要なお金と投資に使うお金の明確な区別を前提とする投資教育を行っています。一方、日本ではそのような教育を行わないため、投資がリスクの大きいものと誤解されているというのが「教育原因説」の論旨です。

たしかに、日本の投資教育が遅れていることは否定できません。

しかし、日本人が社会人になっても投資に興味を示さないことを、学校教育が主たる原因とするのにはいささか無理があるのではないでしょうか。私は、日本社会で投資が一般化しないのは、**「国策による貯蓄信仰の浸透」**が大きいと考えています。

話は明治時代にさかのぼります。

明治政府は欧米列強に対抗するために富国強兵策を推進しました。着実な遂行のために必要なのは十分な資金です。そこで政府は郵便貯金や銀行預金を奨励し、集まった国民の資金を産業界に送り込みました。貯蓄を尊ぶ国民教育も徹底しています。

戦後も長い間、同様の政策がとられています。日本は欧米先進国と比べて金融自由化が遅れ、企業が資金を調達する際は、株式市場で資金を集める直接金融よりも、銀行から融資を受ける間接金融のほうが、はるかに比重が大きかったのです。

また、間接金融による産業の活性化を推進するために、預金金利は低く抑えられていました。極論すれば、銀行は預金者に金利を支払うかわりに、産業界に融資していたのです。潤沢な資金を背景として日本の産業界は国際競争力を強めました。

「貯蓄信仰」という呪縛から解き放たれる

貯蓄を奨励する政策は、労働力の提供という意味でも、産業界に大きく貢献しました。国民は投資に目が向かないのですから、資産を増やそうとするなら、働いてフロー収入を増やすほかありません。残業労働や昇進競争に明け暮れることになり、「モーレツ社員」と呼ばれる企業戦士が大量に出現したのです。

1980年代になって日米の貿易不均衡が急速に悪化すると、アメリカからの圧力は厳しいものになり、日本は金融自由化を進めざるを得ませんでした。その結果、バブルの発生と崩壊が起こったのですが、バブルについては第2章であらためて触れることにします。

日本人の貯蓄信仰は、産業界の強化を最優先する国策によってつくられました。学校教育で投資を扱わなかったのも、その国策に沿ったものです。

投資による収益のチャンスを国民から奪っているという意味において、**貯蓄信仰は呪縛**と呼んでもかまわないでしょう。

呪縛からは解き放たれなくてはいけません。

7割以上の世帯が老後に困窮する未来

お金を増やすには資産運用をすることが不可欠です。そして、年金の先行きが極めて不透明ないま、資産運用はすぐにでも始める必要があります。

老後資金についてはインターネットや書籍などを通して、さまざまな情報を得ることができますが、リタイア後に夫婦ふたりで20～30年暮らすとなると、少なく見積もっても3000万円、試算によっては1億円以上の蓄えが必要とされます。

ところが、総務省統計局の調査によると、ふたり以上の世帯における2016年の1世帯あたりの貯蓄現在高の平均は1820万円。平均値だけを見ても老後の備えにはまったく足りません。もちろん、1億円以上の貯蓄がある世帯もあれば貯蓄ゼロの世帯もあるわけで、**老後に必要な資金が3000万円前後としても7割以上の世帯が資金不足に陥る**と考えられています。

年金支給開始年齢の引き上げや年金の減額は、老後資金をさらに圧迫します。また、人生100年時代と言われるような超高齢社会では、必要となる老後資金が従来、想定されていたよりも高額になるのは当然です。労働の対価としてのフロー収入を得にくい老後の困窮を回避するには、いますぐ、資金運用を始めるほかありません。

年金制度とその現状についても情報が氾濫しているため、ここではくわしく触れませんが、年金制度が危機的状況にあることを明らかにする世界経済フォーラムの報告書を紹介しましょう。

近い将来「年金崩壊」が現実になる

ダボス会議として知られる世界経済フォーラムは、世界中から選ばれた有識者、ジャーナリスト、政治や経済のトップリーダーなどが連携し、世界情勢の改善に取り組む非営利団体です。スイスのジュネーブに本部を置き、毎年、さまざまな報告書を発表していますが、2017年に発表された報告書の一つは衝撃的な内容でした。

その報告書によると、世界的に顕著となっている高齢化がこのままのペースで進めば、**2050年に日本やアメリカといった先進6ヵ国で、年金積立金など、国民の老後を支える資金が224兆ドル（約2京5000兆円）不足する恐れがある**というのです。経済関連で「京」という天文学的な単位を目にすることはほとんどありません。それほど年金危機は深刻であり、さほど遠くない将来、国家の力をもってしても解決できない段階に突入してしまうのです。

国家に頼れないのであれば、自衛するほか、方策はありません。

挑発しあう米朝と核攻撃の危機

現在の日本において、生活を脅かす不安定要素は、老後資金や年金制度の問題だけではありません。北朝鮮問題は大きな脅威です。

北朝鮮有事が発生すれば、日本経済は大混乱となります。経済の混乱は世界的な広がりを見せるでしょうが、わけても日本経済が甚大な影響を受けることは確実です。さまざまな資産の価値が暴落する恐れもあります。

北朝鮮は２０１７年、２月から11月までに16回のミサイル発射実験を行っています。また、９月３日には６度目の核実験を行いました。

北朝鮮の最高指導者・金正恩朝鮮労働党委員長は２０１８年1月１日にテレビ放映された新年のあいさつで「アメリカ本土が核攻撃の射程圏内にあり、核のボタンが私の事務室の机の上にいつも置かれている」と述べ、トランプ米大統領は2日のツイッターで「疲弊して食料に飢えた政権の誰か、彼に私も核のボタンをもっていることを知らせてくれ。私のものは彼のものよりも、ずっと大きく、もっとパワフルだ。そして、私のボタンは機能する！」と応酬しました。緊張は高まる一方です。

仮に北朝鮮が、アメリカの同盟国である日本に、核ミサイルで攻撃を仕かけてきたとしたら、経済の混乱どころの話ではありません。

在米韓国人ジャーナリストのマイケル・ユー氏と米保守系シンクタンクであるヘリテージ財団の研究員、デクスター・イングラム氏の共著『ウォー・シミュレイション　北朝鮮が暴発する日』（２００３年／新潮社刊）には、２００４年5月31日の午前８時、東京永田町の国会議事堂付近に12キロトン級の核兵器搭載のミサイルが着弾、爆発したとするシミュレーションが載っています。以下がそのシナリオです。

都内で約10万人が爆発直後に死亡。第一次の死亡者である。

放射能汚染は南東の風に乗って周辺地域へ拡散。その結果、放射能、火災、酸素欠乏により、約32万人が核兵器投下後30日以内に死亡する。第二次の死亡者だ。

30日以内の死亡は免れても、約39万人が被曝する。このうち、少なくとも10％は1年以内、20％は2年以内に死亡する。また、少なくとも50％は10年以内に深刻な身体的障害を発症することが臨床データから推測される。

大半が死亡する被害者の総計は80万人を超える。

都庁が爆心地になる場合のシミュレーション

これだけでもまさに悪夢ですが、問題はこのシミュレーションが約15年前のものということです。その後、北朝鮮は核開発を進め、２０１７年には１２０キロトン級の水爆実験を行ったと推測されています。

マイケル・ユー氏は月刊『Ｖｏｉｃｅ』（ＰＨＰ研究所刊）２０１７年7月号で、東京が水爆攻撃を受けた際のシミュレーションを、以下のように発表しています。

攻撃を受けるのは東京オリンピック開催中の２０２０年8月1日午前。新宿の都庁が爆心地となる。

第一次の死亡者は１４１万９０６０人。都庁から半径２・１９キロメートル以内はグラウンド・ゼロとなり、圏内にいる者は消失する。

都庁から半径12・１８キロメートル圏内では50～90％が死亡。また、高温、爆風、放射能などで311万6190人が被害を受け、即死は免れても、1分から1時間で死に至る可能性が高い。

爆発からごく短期間で450万人以上が死亡し、放射能汚染による二次被害者はさらに多くなる。

水爆の攻撃を受ければ東京は壊滅します。北朝鮮が核攻撃の能力をもっているかぎり、可能性は皆無ではないのです。

電磁パルス攻撃で簡単にインフラは壊滅する

北朝鮮の核兵器に関しては、電磁パルス攻撃も新たな脅威となっています。

日本政府は2017年9月7日、電磁パルス攻撃について、速やかに対応策をまとめる方針を明らかにし、菅義偉官房長官は「万が一の事態の備えとして、国民生活への影響を最小限にするための努力が必要だと認識している。必要な対策を検討していきたい」と述べています。

電磁パルス攻撃とは、弾道ミサイルに搭載した核爆弾を高度30キロメートルから400キロメートルの高高度で爆発させることにより、電磁パルスを発生させ、電子機器の機能停止や停電を引き起こす攻撃です。東京上空の高度30キロメートルで10キロトンの核爆弾を爆発させた場合、北は青森から西は岡山に達する半径600キロメートルの地域が被害を受けると想定されています。高高度での核爆発によって熱線や衝撃波が地上に届くことはありませんが、**現代のインフラはほとんどが電子制御になっているため、電磁パルス攻撃を受ければ被害は甚大です。**

送電が止まり、電気を必要とするものは機能を失います。放送局は放送が困難になり、また、バックアップ電源を使って放送ができたとしても、多くの市民は受信ができません。スマホで情報を入手しようとしても、スマホはそれ自体が電子機器ですから、直接的に被害を受けています。鉄道は止まります。自動車で被害地域外に逃れようとしても、自動車も電子制御になっているため、動きません。もちろん、金融も大混乱に陥ります。停電が長期化すれば医療機関の機能停止も長引き、多数の死亡者が出るでしょう。

本書のテーマは「真のお金持ちになる方法の考察」でありながら、北朝鮮の脅威について述べてきました。それは、どのように投資をするかを考える際、北朝鮮の脅威についても考慮したほうがいいからです。くわしくは第3章に譲ります。

将来のあらゆる不安を消してくれる「投資」

経済は、世の中で起こるさまざまな事象の連なりと積み重ねによって、絶えずダイナミックに動いています。そして、ダイナミックな動きがあるから、資産運用によってお金を増やすことができるのです。

投資を始めると誰もが実感することですが、最終的に投資の成否を握る鍵となるのは**「決断力」**です。決断を下す際に必要となるのは「どこまで自分を信じられるか」ということであり、自分を信じるときの支えとなるのが**「心がまえ」**です。揺るぎない「心がまえ」があれば、自分を信じることができます。その結果として「決断力」を発揮することができるのです。

そこで、ここからは資産運用に対する「心がまえ」の持論を述べます。

まず、みなさんに質問をしましょう。

「あなたは、太陽の存在を信じますか？」

太陽の存在を信じない人はいないでしょう。太陽の存在を否定することはできません。なぜなら、明らかに目に見えるからです。「百聞は一見に如かず」とはまさに真実をついており、人は、一度でも自分の目で見て脳で認識したものは、その存在を信じてしまうのです。

続けて質問します。

「あなたは、神の存在を信じますか？」

この質問に対する回答はさまざまでしょう。宗教によっては、神の存在を信じなければ、自分自身の存在を否定することにもなります。また、一神教を信仰すると、存在する神はただ一つです。一方、多くの神々を信仰する宗教もあります。そして、無神論者にとって神は存在しません。

このように神の存在に対する考え方にはいろいろあるなか、総体として「神の存在を信じますか?」という質問に答えるなら、「わからない」というのが妥当なところではないでしょうか。

「信じる」の対抗軸は「信じない」でなく「わからない」

「信じる」の反対語は「疑う」ですが、「疑う」には否定的なニュアンスが強く感じられます。太陽のように「見える」ものの存在を「信じる」とするならば、神のように「見えない」ものの存在は「疑う」のではなく、「わからない」としたほうが適切なように思えるのです。

「信じる」の対抗軸には「わからない」があります。資産運用について、この考え方は極めて重要なのですが、「信じる」「わからない」の話を進める前に、もう一つ、質問があります。

「あなたは、貨幣の存在を信じますか?」

当然、回答は「信じる」でしょう。貨幣は、平たくいえば「お金」であり、1円玉も1万円札も明らかに目に見えるのですから、貨幣は存在します。

それでは、質問を少し変えましょう。

「あなたは、貨幣の価値を信じますか？」

いま、あなたが1万円札をもっていれば、1万円分の商品が買え、1万円分のサービスを受けることができます。1万円札には1万円分の価値があり、そのことをすべての人が暗黙の了解としていることによって、世の中は動いているように見えます。

しかし、だからといって、貨幣の価値を信じてもいいのでしょうか。

いま、1万円あれば高級な寿司が食べられますが、3年後には1万円でカップ麺も食べられなくなるかもしれないのです。現実に日本がそのような事態に陥ることは、まずないでしょう。しかし、100％ないとは断言できないのが「貨幣経済」のシステムであることを大げさな事例であなたにも理解していただきたかったのです。**貨幣**

は商品交換の媒介物であり、それ自体に絶対的な価値があるわけではありません。

「信じられること」と「わからないこと」の線引きを徹底する

本書においては、「貨幣の価値を信じますか?」の質問に対する回答は、「わからない」を正解とします。

あなたが、これから資産運用をしようと考えるなら、「信じられること」と「わからないこと」をはっきりと区別してください。

これが資産運用をするうえで最重要となる「心がまえ」です。

資産運用に関連するすべてのことは、「信じられること」と「わからないこと」に二分されます。

お金を儲ける人は、「信じられること」と「わからないこと」の線引きを徹底しています。そして、**お金を儲けるということは、「信じられること」と「わからないこと」の間で、うまく立ち回るということなのです。**

「信じられること」だけで資産運用をしても、大きな利益は上げられません。「わからないこと」に投資をすることにより、場合によっては、資産を何倍、数十倍、数百倍に増やすことができるのです。しかし、「わからないこと」には、当然、リスクがあります。そのリスクを最小限にするために必要なのが、「信じられること」と「わからないこと」の線引きであり、経済に関連するさまざまな事象の子細な観察なのです。このことを無意識の状態でも認識できるようにしておきましょう。最初は紙に書いて目につくところに張っておくのもいいでしょうし、自分の声でその言葉を録音してそれを睡眠中に聞くのも効果的でしょう。

投資は広義のギャンブル

繰り返しますが、資産運用において、「信じる」の対抗軸は「わからない」です。投資先を「信じる」ことができずに「疑う」のであれば、投資してはいけません。「わからない」からリターンが期待できて、投資する意味があるのです。

ここで疑問を感じる読者がいるかもしれません。「わからないこと」に投資することは、ギャンブルなのではないかと。

そうです。**投資は遊戯としての賭博ではないものの、「わからないこと」から利益を得ようとするのですから広義のギャンブルです。**

ギャンブルという言葉からは、「破産」「一家離散」「依存症」といった否定的な言葉が連想され、忌避すべきものと考えている人もいることでしょう。しかし、「わからないこと」に投資して、投資額以上のリターンを期待することはすべてギャンブルであり、多くの人がギャンブルと意識することなく、ギャンブルに手を出しています。

たとえば、デパートなどが初売りの客寄せで販売する福袋です。福袋に入っている商品の値札額を合計すれば福袋の価格よりも高くなり、客は投資以上のリターンがあることを前提に購入しますが、売れ残りの商品や人気のない商品が入っていることも多く、客が得をするとはかぎりません。福袋はギャンブルなのです。

宝くじの期待値は50%に満たない

宝くじは、リターンの期待値から見ると、参加者にとって最悪のギャンブルの一つです。**宝くじの控除率は50%を超えますから、期待値は50%未満ということになりま**

す。競馬、競輪、競艇、オートレースなどの公営競技の期待値が約75％、パチンコは店によってバラつきはあっても平均すると90％前後とされますから、宝くじは極めて割に合わないギャンブルなのです。

また、宝くじに攻略法は一切なく、戦略を練って勝ちをめざすことができません。プロが存在しないことによって、公営競技やパチンコなどのギャンブルとは無縁の人も参加しやすくなっているという側面はありますが、宝くじを買い続けてリターンが資金を上回るケースはかぎりなくゼロに近いのです。その意味でも、宝くじはギャンブルとして最悪です。

宝くじを1万円買えば、５０００円を超えるお金が自動的に税金として徴収されています。そして、一度、納めた税金は、高額当選をしないかぎり、決して戻ってくることはありません。宝くじを買い続けている人は、自主的に税金を払い続けているのです。宝くじが「愚者の税金」と呼ばれる由縁です。

宝くじを買い続けている人は、ターミナル駅の混雑を見てください。マンションが建ち並ぶ都会の夜景を見てください。日本に暮らす人の数に圧倒されるとき、そのなかから自分が幸運を引き当てられる確率をしっかりと認識すべきです。

宝くじを買うくらいなら、投資をしましょう。

長い目で見ることのできるギャンブルは勝てる

「投資はギャンブル」という言葉自体に抵抗感を覚えるようであれば、それは貯蓄信仰に由来するものであり、そのような時代遅れの信仰は捨てましょう。

投資はギャンブルであり、重要なのはギャンブルに勝つことです。

ギャンブルは、長い目で見ると必ず負けるものと思い込んでいる人がいますが、それは誤った認識です。むしろ、長い目で見ることのできるギャンブルこそ、勝つことができるのです。

たとえば、1個のサイコロを振り、奇数の目が出るか、偶数の目が出るかを予想し、的中すると賭け金が2倍になるギャンブルがあるとしましょう。

勝負が1度きりなら、奇数を選ぼうが偶数を選ぼうが、勝つ確率も負ける確率も2分の1です。確実に勝てる策はありません。

次に、勝負を際限なく続行できるケースを考えてみます。最初の勝負で100円を賭けるとしましょう。

仮に、奇数に賭けたとします。運良く奇数の目が出れば、賭け金が2倍の200円になって戻るので100円の儲けです。偶数の目が出れば100円を失いますが、勝負を続行して再び奇数に倍額の200円を賭けます。2度目の勝負で奇数の目が出れば、賭け金は2倍の400円になって戻り、最初の勝負で失った100円を含めたトータルの収支は、400－（100＋200）で、＋100円です。

2度目も偶数の目が出て勝負に敗れたら、1回目の負けと合わせて総額300円を失いますが、勝負は続行し、奇数に2度目の賭け金の倍額の400円を賭けます。ここで奇数の目が出れば、賭け金は2倍の800円になって戻り、最初と2度目の勝負で失った300円を含めたトータルの収支は＋100円となります。

以下、連敗を続けても、直前の賭け金の2倍の額を賭ければ、勝負に勝ったときにトータルの収支は＋100円になります。

一定のルールに従えば必ず勝てる「マーチンゲールの法則」

勝ったときに2倍のリターンがあるギャンブルにおいて、負けたとしても前回の賭け金の倍額を賭ければ、勝ったときに初期投資分を儲けることができるこのやり方は**「マーチンゲールの法則」**と呼ばれ、よく知られているギャンブル必勝法です。

１００円でスタートした場合、９連敗して勝負が10度目となれば、賭け金は５万１２００円、賭け金の合計は10万２３００円に増大しますが、潤沢な資金があれば必ず勝つことができます。ちなみに、10連敗する確率は約０・１％です。

ここで注目すべき点があります。

話を単純化するために、最初の勝負から奇数に賭け続けましたが、選ぶのは奇数でも偶数でもいいのです。毎回、思いつくままにどちらかを選んでも、「マーチンゲールの法則」を用いるかぎり、いずれは１００円が儲かることに変わりはありません。

ギャンブルというと、勝つためには予想が必要な気がしてしまいますが、一定のルールに従うことで、勝つことに予想を必要としないギャンブルもあるのです。

これは、投資に対するヒントでもあります。ギャンブルに対する嫌悪感や恐怖感は過去のものとして、「投資はギャンブルである」と割り切ることも、資産運用における「心がまえ」の一つなのです。

競馬で5億7000万円の利益を得た公務員の話

古典的なギャンブル必勝法である「マーチンゲールの法則」は、あくまでも理論です。わずか100円の利益を得るために、10万単位、100万単位の資金を準備する人はいないでしょう。また、仮に10万円の利益を得ようとすれば、9連敗して10度目の勝負に挑むこともあると想定すると総計1億2300万円が必要であり、10度目の勝負に負ければそのすべてを失うのですから、現実的ではありません。

それでは、ギャンブルを実践し、確実に利益を得ることはできないのでしょうか。

答は「できる」となります。可能な理由は近年のニュース報道から歴然たる事実です。

2017年には、所得税の申告で競馬の外れ馬券代を経費に参入できるかが争点となった訴訟の上告審で、経費と認めるという判決が確定しています。

原告の男性は北海道在住の公務員。２００５年から２０１０年までの６年間に、インターネットで計約72億７０００万円分の馬券を購入し、計約５億７０００万円の利益を得ています。この男性は競馬予想ソフトを使うことなく、独自の予想法で的中を重ねたとされ、競馬予想の天才と呼べるのですが、**裁判を通して、ギャンブルで確実に利益を得ることは可能であるということが明らかになりました。**

3連単の馬券を的中させまくる驚異の方法

２００９年には、香港に親会社がある東京都渋谷区のデータ分析会社が日本中央競馬会（ＪＲＡ）の３連単に資金を投じ、会社設立の２００５年から２００７年の３年間に約１６０億円の所得隠しをしたというニュースが報じられました。

3連単とはレースの1着から3着までを順番通りに的中させる馬券で、ＪＲＡの馬券のなかでも当てることが困難な馬券です。18頭立てでレースが行われる場合、的中確率は単純計算で４８９６分の１。その分、配当も高くなることから競馬ファンに人気が高く、最も売れる馬券となっています。

一般的に、投資もギャンブルもパイが大きいほうが利益を得やすいため、データ分析会社は最も売れる3連単に目をつけたのでしょう。

伝えられるところによると、データ分析会社は、3着までに入る馬を予想するのではなく、統計学的に3着までには入ることのない馬を除き、残った馬で馬券を構成することにより、3連単を的中させていたようです。

当時、3連単の控除率は約25％でした。すなわち、3着までに入ることのない馬が絡む3連単の総売上が25％を超えれば、残りの馬券（3着までに入る可能性のある馬が絡むすべての3連単）を購入し、それぞれの購入額を調整することで、必ず利益を得ることができるのです。

期待値を100%超えにすれば確勝

ほとんどの競馬ファンは、馬券の対象となる馬を予想し、的中をめざしますが、データ分析会社は馬券の対象にならない馬を選別することで、結果的に的中させていたと思われます。競馬ファンのように不確定なものを当てにいくのではなく、リスクを取り除く（期待値を１００％超えにする）ことで、確実に利益を得るという発想は、投資家そのものです。

データ分析会社の所得隠しが報じられたのは２００９年10月のことですが、同年８月16日のＪＲＡの新潟競馬では不思議な現象が起きていました。第６レースの結果は１着から３着までが順に、２番人気、４番人気、10番人気だったのですが、３連複の配当（２７２・１倍）が、３連単の配当（２２０・６倍）を上回ったのです。

３連複とは、１着から３着に入る３頭を着順に関係なく当てる馬券で、単純計算で３連単よりも６倍当てやすい馬券です。当然、３連複の配当は平均すると３連単の６分の１になります。しかし、このときは３連複の配当が３連単を上回りました。このような現象は２００４年に３連単が導入されて以降の５年間で初めてのことでした。当時のスポーツ新聞は、「逆転現象に偶然以外の明確な理由は見つからない」としていましたが、３連単にはデータ分析会社の大量買いが入り、その結果、配当が下がったのではないでしょうか。

投資でも確実に利益を得ることはできる

競馬はギャンブルです。競馬の控除率は概ね20〜30%であり、リターンの期待値は70〜80%です。それでも競馬で大きな利益を確実に得る方法はあります。

投資もギャンブルです。金融商品などの取引をする際に手数料はかかりますが、競馬の控除率に相当するものはありません。競馬で確実に利益を得ることができるのなら、投資でも確実に利益を得ることができると考えるのが自然でしょう。

終身雇用、年功序列の日本型雇用システムが姿を消しつつあるいま、フロー収入で資産を増やすことはできません。人生100年の超高齢社会で自分や家族の生活を守るには、ストック収入を最大化するほかないのです。

やるべきことは一つ。**いますぐにでも、投資という行動に出ること**です。

これを読んでいるあなたは投資のやり方をいち早く知りたいでしょうが、そのヒントは第3章で示します。

その前に、第2章では「個人の生活」と「経済環境」の関係について考えます。

本章では、「信じられること」と「わからないこと」を明確に区別することが資産運用における重要な「心がまえ」であると述べましたが、「個人の生活」と「経済環境」を分けて捉えることも資産運用においては大切だからです。

第2章

誰も教えてくれない
お金の本質

「個人の生活」と「経済環境」は対等な関係にある

みなさんは「経済」と聞いて、どんなことを考えますか？

ＮＨＫのニュース番組では株価と為替レートをリアルタイムで報じています。全国紙の朝刊には経済面が設けてあり、ほかに株価をはじめとする金融市場の前日終値を載せた金融面もあります。日本経済新聞の発行部数は２０１７年10月時点で朝刊が約２６０万部、夕刊が約１２７万部ですが、一つのジャンルに特化してこれほど多くの部数を発行している新聞はほかにありません。

報道機関の扱い一つとっても、経済とは巨大な存在に映ります。経済学者や経済を専門的に学んでいる人は別かもしれませんが、大多数の人にとって、経済とは茫漠として掴みどころのないものなのではないでしょうか。

たしかに経済は巨大な存在です。人ひとりの力で経済の状況を変えることはできません。インフレが進んでいるときに、個人の力でお金の価値を維持しようとしても不可能です。株価が暴落しているときに、個人がどれだけ手をつくしても、上昇に転じさせることはできません。

しかし、経済の巨大さを恐れてはいけないのです。**経済の巨大さを恐れていては、経済のうねりに飲み込まれます。**

仮に日本の国債が暴落してハイパーインフレが発生したとしましょう。そのとき、経済の巨大さを恐れている人は、もっているお金の価値が下がっていくのを、なすすべもなく見守ることになります。経済の巨大さを恐れない人は、ハイパーインフレになんらかの方法で対処し、克服します。

経済の巨大さを恐れる人と恐れない人は、どこが違うのでしょうか。

それは、「個人の生活」と「経済環境」の関係性の捉え方です。経済の巨大さを恐れる人は、「個人の生活」が「経済環境」に包まれていると考えます。文字どおり、経済は自分を取り巻く環境なのです。経済の巨大さを恐れない人は、「個人の生活」と「経済環境」の関係が深いことは認めても、それぞれを別個のものとして捉えます。

私は、経済は巨大なものと認識していますが、私の「個人の生活」は「経済環境」から完全に独立しており、**「個人の生活」と「経済環境」は対等の関係にある**と考えています。「経済環境」が私の力でどうにかなるものではないのと同じように、私の

「個人の生活」も「経済環境」によって浮沈するようなヤワなものではないのです。

投資には「シンプルな視点」が求められる

私は、的確な投資をするために、経済に関連するさまざまな事象を子細に観察しています。経済は巨大であり、巨大であるがゆえに、ときとして強大なうねりを発生させることも知っています。

しかし、私は、経済学者のように経済を深く探求することはありません。絶え間なく変化を続ける経済に対して、折々に自分がどのように関われるのかという「シンプルな視点」で経済を捉えています。なぜなら、そのほうが投資には有利だからです。経済を探求したからといって、投資で利益を得られるわけではありません。経済学によって投資が成功するのなら、経済学者は皆、億万長者になっています。

投資をするのに、経済の探求は必要ありません。株価と金利の関係、インフレ率と為替レートの関係など、経済の基礎的な知識は不可欠ですが、経済を自分の目線で正面から捉える「シンプルな視点」が、何よりも求められるのです。

比喩を使って、わかりやすく説明しましょう。

洗濯物が溜まっています。気になるのは空模様です。せっかく洗濯をしても、外に干しておいて雨に降られたり、風に飛ばされたりしたら無駄になります。そこで雨や風の心配がなければ、洗濯をすることにしました。

このとき、学究的にアプローチするなら、気圧配置を調べて降水確率や風速を割り出し、問題がないと判断できれば洗濯をすることになります。

一方、「シンプルな視点」の場合は、空を見て「快晴だから洗濯をしよう」、あるいは「雲行きが怪しいからやめておこう」となります。洗濯をしたときには快晴でも、外に干しているうちに突然、雨が降ってくるかもしれません。そのような事態に対しては、素早く屋内に取り込めるように備えておけばいいのです。

「シンプルな視点」は、判断が圧倒的にスピーディーです。

投資において、スピーディーな判断が重要なのはいうまでもありません。自分の目で空を見て、洗濯の判断をするように、経済も「シンプルな視点」で捉えて、投資の判断をすればいいのです。

また、「シンプルな視点」で経済を捉えるときに大前提となるのが、資産運用をするうえでの重要な「心がまえ」である、「信じられること」と「わからないこと」の線引きです。線引きが曖昧だと、「シンプルな視点」はシンプルであるがゆえに、決定的な判断ミスにつながります。

取引をする当事者同士が通貨と認めれば通貨になる

2017年、ワイドショーなどでも扱われ、広く国民の話題となったのが**仮想通貨ビットコインの急騰**です。年初は1BTC（ビットコインの単位）約10万円だったものが、年末には約200万円と、1年間で20倍も値上がりしました。

ビットコインは、セキュリティーにブロックチェーンが使われているデジタル通貨です。史上初の仮想通貨として2009年から運用が始まりました。

ビットコインの最大の特徴は、P2Pネットワーク（複数の個人の端末の対等なつながり）によって管理されていることです。従来の通貨は、たとえば、円であれば日本の中央銀行である日本銀行が、米ドルであればアメリカの中央銀行にあたる連邦準備制度が管理しているように、国家が管理しています。ところが、ブロックチェーンという革新的な技術を用いたビットコインには中心となる管理者が不在なのです。

従来の通貨になじみ、仮想通貨とは無縁の人、すなわち大多数の日本人は、「国家が管理しない仮想通貨が、通貨として成立するのか?」といった、素朴な疑問をいだくことでしょう。

答は人類史が示しています。

紀元前3000年頃のメソポタミアで収穫物などの重さの単位として使われ始めたシェケルは、のちに重さが価値をあらわす硬貨のシェケルになりました。そのつど重さを量る必要がなく、取引に便利な硬貨のシェケルを開発したのはアナトリアの商人だとされます。**取引をする当事者同士が通貨と認めれば、通貨になるのです。**

ビットコインは、それに価値があると認める人がいるため、通貨として成立しています。すでに成立しているものを否定することはできません。

仮想通貨の「意義」は考慮しない

ビットコインをはじめとする仮想通貨に投資をしようと考えたとき、気になるのは仮想通貨に対する両極端の評価があることでしょう。「国家に管理されないからこそ、金融システムを変革できる画期的なテクノロジーである」と評価する声がある一方、「詐欺の材料に過ぎない」と一刀両断にする人もいます。

私が仮想通貨を投資対象の候補にするのなら、いずれの評価も無視します。仮想通貨のような新しく高度なテクノロジーを評価するということは、極めて学究的な行為であり、答は簡単に導き出せるものではありません。学究的な深い考察なしに仮想通貨を評価していると思われる評論家やジャーナリストも見受けられますが、それは印象を語っているに過ぎません。

私が仮想通貨を投資対象の候補とするのであれば、「シンプルな視点」で捉えます。すなわち、**「信じられること」と「わからないこと」の線引きを明確にします。**

仮想通貨そのものや、仮想通貨に関連することについて、ビットコインが暴落した

２０１８年1月17日以前の段階で、「信じられること」、つまり「すでに起きたこと」や「疑いようのない事実」には、以下のようなものがありました。

- ビットコインは1年間で価値が20倍になった。
- ２０１７年12月10日、シカゴ・オプション取引所（世界的に名高いデリバティブの取引所）でビットコインの先物取引がスタート。
- 同月17日、シカゴ・マーカンタイル取引所（デリバティブ取引で世界最大のシェアをもつ取引所）もビットコイン先物を上場。
- ２０１８年1月、米証券取引委員会の懸念表明を受けて、ビットコインの米上場投資信託の上場を申請していた4社が申請を取り下げ。
- ２０１８年1月、米情報セキュリティー会社のエイリアンボルトが、北朝鮮がサイバー攻撃によって仮想通貨モネロを不正獲得していると報告。
- ２０１４年3月、マウントゴックスでビットコイン１１５億円相当が消失。
- 当初は金融工学を用いた画期的なデリバティブと考えられていたサブプライム住宅ローンの不良債権化によって、２００８年、リーマンショックが発生。

一方、仮想通貨について「わからないこと」には、以下のようなものがありました。

- 今後、ビットコインの価格は上昇するのか、下落するのか。
- 仮想通貨の先物取引は各国の取引所で行われるようになるのか。
- ビットコインのように高騰する仮想通貨がほかにも出現するのか。

ビットコインに対する投資については、これらの「信じられること」と「わからないこと」だけが判断材料だったわけです。

結果的にビットコインは暴落し、また、9日後の1月26日には仮想通貨取引所のコインチェックから時価総額約580億円のNEMが流出した事件が発覚したことで、仮想通貨市場は混乱するわけですが、私にはビットコインが高騰した時点で、仮想通貨を投資対象とする考えはまったくありませんでした。理由は第4章で触れる**イノベーター理論における「ラガード」**、つまり、ふだんは投資にまったく興味のない人までもがビットコインを話題にするようになっていたからです。

現代に生きる者として、仮想通貨によって既存の金融がどのような影響を受けるのか、仮想通貨の登場は人類にとって福音なのか、といったことには、もちろん、興味があります。しかし、仮想通貨に対する投資に関して、私が仮想通貨の「意義」を考慮することは一切ありません。投資をして得をするのか、損をするのか。「シンプルな視点」で見据えるのは、その一点です。

突然、無価値の紙切れになった軍票

国が管理する法定通貨は安心で、中心となる管理者がいない仮想通貨は不安。法定通貨が安定している日本に住んでいたら、そのように考えるのも無理はありません。しかし、国が管理する通貨は、本当に安心なのでしょうか。

かつて日本には、軍用手票、略して軍票というものが存在していました。

軍票とは、戦争時に軍隊が占領地などで物資を調達したり、支払いをしたりするために発行する疑似紙幣です。疑似紙幣とはいっても、最終的には軍隊の所属する国が軍票をもっている人に対して債務を支払うため、実質的には国が管理する通貨と考えていいでしょう。

日本では、西南戦争の際に西郷隆盛が初めて軍票を使用し、その後、日清戦争、日露戦争、第一次世界大戦の青島出兵、日中戦争など、戦争をするたびに政府が軍票を発行していました。

最後の軍票となったのは、太平洋戦争時に発行された大東亜戦争軍票です。

太平洋戦争では戦線を拡大したため、各占領地で軍票を発行しました。旧オランダ領インドネシアの「は号券」(単位はグルデン/以下同)、旧イギリス領マレーシアの「に号券」(海峡ドル)、旧アメリカ領フィリピンの「ほ号券」(ペソ)、旧イギリス領ミャンマーの「へ号券」(ルピー)などです。

これらの大東亜戦争軍票は、1945年8月15日の敗戦をもって、すべてが紙切れになりました。占領地で強制的に現地の通貨を軍票に両替させられた住民は財産を失い、また、占領地から引き上げてきた民間人や復員兵のなかにも、軍票や軍票による預金しかもっていないために困窮する人が多くいました。

国が管理する通貨も、国の体制が変われば価値を失うことがあるのです。

世界で続出するハイパーインフレ

大東亜戦争軍票のように、突然、価値がゼロになるわけではありませんが、お金が急速に価値を失う代表的なケースにハイパーインフレがあります。

需要が供給を上回ることで物価が上昇し、相対的にお金の価値が低下するインフレは、程度が適度であった場合、経済を成長させますが、過度なインフレは経済を混乱させます。短期間で物価が著しく上昇するハイパーインフレになると、それまでの経済システムをリセットしないかぎり、経済の再生は不可能になります。当然、旧来の通貨は価値を失います。

過去30年間にかぎっても、ハイパーインフレは多くの国で発生しています。

１９８２年のフォークランド紛争でイギリスに敗れたアルゼンチンは、インフレを抑えようとした経済安定化政策に失敗した結果、ハイパーインフレが発生。１９８９年の物価は前年の50倍に上昇しています。1年で価値が50分の1になった当時の通貨アウストラルで経済が正常化するはずもなく、１９９１年にドルペッグ制（自国の貨幣相場を米ドルと連動させる固定相場制）の新通貨アルゼンチン・ペソを導入することで、ハイパーインフレは収束しました。

アルゼンチンの隣国、ブラジルは慢性的なインフレ体質で、**デノミネーション**（デノミ）を繰り返してきました。

デノミとは通貨の単位を切り替えることで、仮に「円」をデノミ率1000分の1で「新円」に切り替えたとすると、それまでの1000円が1円ということになります。なぜデノミをするかといえば、急速なインフレのなかにあっても、経済活動を円滑に行うためです。インフレによって1万円の商品が1000万円になれば、1000万円札を流通させたほうが便利です。ところが、1000万円札では0が7個並び、瞬時に金額を判別することがやっかいになってしまいます。そこで通貨の単位を1000分の1にして、新しい紙幣を発行するのです。

ブラジルは1942年から1993年の間に、1000分の1のデノミを5回行いました。最終的には1994年にドルペッグ制の新通貨レアルを導入するとともに、2750分の1のデノミを行うことで、ハイパーインフレは収束しました。総計すると1942年から1994年の52年間で、275京分の1のデノミを行ったことになります。

民族対立による紛争が続いた1990年代前半の旧ユーゴスラビアでも、ハイパーインフレが発生しました。1993年には5000億ディナール札が発行されています。12桁の紙幣ですが、価値は日本円で500円程度だったとされます。

1980年に独立国家として承認されたジンバブエでは、ロバート・ムガベ大統領が、白人の所有する土地を強制収用するなど、旧支配層に対する強権的な政策を実施した結果、経済が崩壊し、2000年代に激烈なハイパーインフレが発生しました。2008年には100兆ジンバブエドル札が発行されています。

このハイパーインフレは2009年4月12日、ジンバブエドルの流通を停止して、米ドルと南アフリカの通貨ランドを公式な通貨とすることで収束しました。**自国通貨を放棄するほかなかったのです。**

ほかにも、ここ30年間にはロシア、トルコ、ベネズエラなどでハイパーインフレが発生していますが、多くは政情不安定な国です。国家が管理する法定通貨への信用がなくなるためにハイパーインフレは発生するのです。

お金の価値とは無関係に価値を維持するものとは？

ところが、世界のなかでも最も政情が安定している国の一つと考えられる日本で、ハイパーインフレが発生する危険があるとする説があります。

その説が描くシナリオは、概ね以下のようなものです。

日銀に上場投資信託を買い入れさせて株価を維持する政策が行き詰まる。

↓株価が暴落する。

↓アベノミクスの失敗が明らかになり、日本経済が国際的に信用をなくす。

↓国債が暴落する。

↓円の価値が急速に下がり、ハイパーインフレに突入する。

ハイパーインフレが発生すると、直撃を受けるのは年金受給者です。年金は固定額なので、たちまち困窮します。現役世代は物価の上昇に応じて給料も高くなると考えられるので、生活はできるでしょう。ただし、経済が混乱に陥るため、倒産やリストラは多発します。

日本におけるハイパーインフレの発生について、鍵を握るのは国債の価格ですが、国債が暴落することは決してないという説もあります。そうした説を信じるなら、ハイパーインフレは発生しないことになります。

私がどちらの説を信じるかといえば、どちらでもありません。国債が暴落するか、しないかは、国の政策にかかっていることであり、私にとっては「わからないこと」なのです。「信じられること」には決してなりません。

ただし、この国債に対する議論は示唆に富んでいます。

ハイパーインフレの発生を危惧する人が最も恐れているのは、お金の価値が急落することでしょう。ハイパーインフレが発生すれば、タンス預金は紙くずになります。定期預金も価値をなくします。

しかし、不動産は価値を維持します。これは価格の上げ下げの問題ではなく、土地であればそこに何かを建てられる、家であればそこで人が暮らせるという、機能の価値についてのことです。また、不動産のほかにも、世の中にはお金の価値とは無関係に価値を維持するものがあります。

結論です。

貯蓄に頼ることなく、お金の価値とは無関係に価値を維持するものに投資をしていれば、ハイパーインフレを恐れなくてもすむのです。

バブル崩壊で株価は63%の下落

現代の日本で、お金を増やすには投資以外に方法はありません。また、資産を守るという観点からも、投資のほうが貯蓄よりも優れていることは明らかです。

しかし、読者のみなさんのなかには、損失が出ることを恐れて、投資を躊躇しているという方もいることでしょう。とくに全世界的、あるいは局地的に発生する経済危機にともなう投資商品の急落は、強く懸念されることだと思います。

経済危機の発生は、基本的に「わからないこと」であり、「わからないこと」のなかでも影響力が甚大です。

経済危機によって大きな損失を被らないためには、過去の事例に学ぶことが最良の

策でしょう。そこで、ここ30年間に起こった内外の経済危機を振り返ります。いずれの経済危機もさまざまな要因が複雑に絡み合って発生していますが、ここではあくまでもポイントを絞り、わかりやすく説明します。

まず、日本のバブル崩壊です。

日本のバブル発生には政策が大きく関わっています。

戦後、長い間、日本の預金金利は政策によって低く抑えられていました。第1章でも述べたように、銀行は預金者に金利を支払うかわりに、産業界に融資していたのです。その結果、日本の産業界は国際競争力を強めました。

80年代に入ると日米の貿易不均衡は一段と悪化し、アメリカから強い圧力を受けるようになりました。1985年9月には為替レート安定化に関するプラザ合意が発表され、1ドル250円の為替レートが、1年間で150円台にまで急上昇しています。

急速な円高・ドル安は輸出を主とする日本企業に大打撃を与え、日銀は円高不況の対策として、急激な金融緩和を実施します。

金融緩和によって金利が下がる一方、企業業績は回復したので、株価は上昇しました。ちょうどこの頃、原油価格が下落し、日本経済はさらに上向いていきます。株価がピークに達したのは1989年末で、3万8915円でした。

低金利によって市場にあふれ出てきた資金は土地にも向かい、地価も高騰。土地を担保に融資を受けて、さらに土地や株を買うという状況がバブルを加速させました。

景気加熱を憂慮した日銀は1989年5月、金融引き締めに転じました。1987年2月から続いていた2・5%の公定歩合を3・25%としています。その後も引き上げは小刻みに続き、1990年8月の第5次公定歩合引き上げではバブル発生前の水準を上回る6・0%に達しました。同年3月には、政府が不動産関連融資に総量規制を実施。それまでは高値で土地を買ってもさらに高値で売れるという状況が続いていたものが、買い手がなくなり、土地の価格は急落しました。

世界恐慌の引き金となった1929年10月24日のウォール街暴落のような確定的な日付があるわけではありませんが、1991年にバブルは崩壊。株価は1992年8月に1万5000円を割り込み、ピーク時から63%の下落となるなど、経済は大きなダメージを受けたのです。

「わからないこと」を信じたことによる失敗

そもそもバブル経済は崩壊するものなので、ここでは、どうしてバブルが発生したのかを考えてみましょう。

ひと言でまとめるなら、「信じられること」と「わからないこと」の区別がつかぬまま、市場が狂騒に明け暮れたからです。

たとえば、１９８７年10月19日に起きたニューヨーク証券取引所の株価大暴落（ブラックマンデー）がきっかけとなって為替市場が混乱するなか、日本は国際協調のために利上げを実施しないという噂が流れ、それが真実であるかのような**「永久低金利神話」**が生まれています。本来、「わからないこと」であるはずの日銀の政策が、「信じられること」にすり替わってしまっていたのです。

また、土地の狭い日本で地価が下がることはないという「土地神話」も、多くの日本人が「信じられること」として認識していました。

「わからないこと」を「信じられること」として経済を動かした結果、日本は経済成長のない**「失われた20年」**を迎えることになりました。

株や土地の価格が大幅に下落したため、日銀は1991年7月から1993年2月にかけて6度の公定歩合引き下げを実施し、6・0%からバブル期の最低水準である2・5%まで引き下げています。しかし、経済が回復することはありませんでした。

失われた20年の間に日本は、住専7社が総額6・4兆円の不良債権をかかえて破たんした住専問題、戦後初の銀行倒産である兵庫銀行の破たん、北海道拓殖銀行、日本長期信用銀行、日本債権信用銀行、三洋証券、山一證券などの破たんという、経済の大きな混乱を経験しています。

アジア通貨危機の知られざる真相

続いて1990年代に起きたアジア通貨危機を見てみましょう。

アジア通貨危機は1997年2月と5月に、欧米のヘッジファンド（機関投資家の一種）がタイの通貨バーツを攻撃したことから始まりました。

当時のタイは、米ドルとバーツの為替レートを固定するドルペッグ制を採用していました。客観的に見るとドル安であり、バーツは実質的な価値よりも高い値がついていたことになります。

このことに目をつけたヘッジファンドは、**バーツの「空売り」**を仕かけたのです。空売りについては第3章でくわしく説明しますが、ここでは、バーツが安くなれば利益が出る投資と理解してください。

バーツの空売りを仕かけられたタイは、積極的に外貨を売却してバーツを買い支えました。タイの外貨準備は、1997年1月には390億ドルあったものが同年6月には320億ドルとなり、さらに、タイ中央銀行は先物市場で230億ドルの外貨を売却しています。

タイが懸命に防衛しても、ヘッジファンドの空売り攻勢は強まるばかりで、同年7月2日、タイは変動相場制に移行せざるを得ませんでした。

同年8月からは国際通貨基金（IMF）をはじめとして世界銀行、アジア開発銀行、日本などが支援に入ったものの、バーツは暴落を続け、ドルペッグ制当時は1ドル約25バーツだったものが、1998年1月には1ドル50バーツ台となっています。単純計算で、同じ商品を輸入するためには2倍以上のバーツが必要となるわけで、タイの経済は大混乱に陥り、多くの企業が倒産しました。

タイの通貨危機はマレーシア、インドネシア、フィリピン、香港、韓国などアジア各国・地域に飛び火して、急激な資本流出と通貨暴落を引き起こしました。最終的にタイ、インドネシア、韓国の３ヵ国がＩＭＦの管理下となっています。

韓国は１９９７年末にデフォルト寸前という状況に陥りました。韓国経済の象徴と呼べる現代グループなどの財閥はＩＭＦの主導で解体され、韓国ではこの経済危機を「朝鮮戦争以来、最大の国難」と捉えています。

アジア通貨危機の教訓は、ヘッジファンドの資金力はときとして一国の財政を凌駕するということです。仮想通貨や地域通貨を除き、通貨の価値を保証するのは国家ですが、国家が保証しているから安心できるというものではありません。

国家ですら「信じられること」とはかぎらない時代において、どのような投資をするのが賢明なのでしょうか。**20年前のアジア通貨危機は、私たちにそのことを問いかけているのです。**

史上最大の倒産から学ぶべきこと

最後は記憶に新しいリーマンショックです。

リーマンショックはサブプライム住宅ローンが不良債権化したことにより、引き起こされました。

サブプライム住宅ローンは、そのネーミングが、ローンの位置づけをあらわしています。優良客であるプライム層よりも下の層であるサブプライム層でも住宅を購入しやすくした住宅ローンなのです。

サブプライム住宅ローンは証券化され、また、リスクの最小化と収益の安定化を図るために多様な金融商品と組み合わせた証券として販売されました。

住宅ローンを組む際に、日本では職業や年収などの厳しい審査が必要となります。しかし、2000年代前半のアメリカでは、サブプライム住宅ローンを使うと、安定した収入がない人や無職の人でも住宅を所有することができました。

なぜ、そのようなことが可能だったのかというと、当時のアメリカでは住宅価格が上昇を続け、サブプライム住宅ローンの返済が滞ったとしても、住宅を売ることによって負債はなくなったからです。

ところが、サブプライム住宅ローンという住宅を建てやすい仕組みがあるということは、住宅の供給過多を招きます。住宅価格は下落し、2007年にサブプライム住宅ローンの危機が顕在化しました。

サブプライム住宅ローンはさまざまな金融商品と組み合わせて証券化されているため、それらは次々に不良債権化していきました。

アメリカの大手投資銀行であるリーマン・ブラザーズは不良債権によって多額の損失をかかえ、2008年9月15日、経営破たんします。負債総額は約6000億ドル、日本円で約64兆円という史上最大の倒産でした。

ブッシュ政権と議会指導部が協議を重ね、公的資金を投入する緊急経済安定化法が同年10月3日に成立したにもかかわらず、株価は下落を続け、NYダウ平均株価は2009年3月6日、リーマン破たん前のマイナス43・4%の水準である6469・95ドルまで値を下げています。

金融危機は世界に連鎖しました。日本への影響も大きく、日経平均株価はリーマン破たん前の1万2000円台から1ヵ月半ほどで6000円台まで下落しています。

サブプライム住宅ローンの証券化では、リスクの最小化と収益の安定化が図られているはずでした。しかし、暴走する住宅バブルに対して、それは無力だったのです。

どれほど高度な金融工学を用いても、人間の圧倒的な欲望を前にしては、計算外の事態が起こるということでしょう。

経済危機は投資のチャンスと捉える

ここ30年間に起こった代表的な経済危機を振り返りましたが、ここで考える必要があるのは、これらの危機が、個人レベルにおいて、実質的にどのくらいの規模のものだったのかということです。また、社会を実質的にどのくらい揺るがしたのかということです。

日本のバブルが崩壊したとき、勤めている会社が倒産して苦境に立たされた人は大勢いたことでしょう。自宅を担保に入れてまで不動産に投資し、全財産を失った人もいたことでしょう。

しかし、衣食住に困る人が続出したわけではありません。バブルが崩壊しても、世の中にはモノがあふれ、多くの人は以前と同じ生活を送っていました。

アジア通貨危機によって韓国は「朝鮮戦争以来、最大の国難」に遭遇しましたが、5年後の2002年には日韓共催のワールドカップを成功させ、代表チームはベスト4まで進んでいます。

2008年のリーマンショックで株価が6000ドル台まで暴落したアメリカも、2009年の後半には景気が上昇に転じています。アメリカ第一主義を掲げるドナルド・トランプ大統領が就任してからは空前の好景気となり、2017年11月30日には史上初めて2万4000ドルの大台を突破しました。

社会を不安定な状態にする突発的な出来事という意味において、経済危機はたしかに「危機」ですが、それは長期間、そのままの状態で続くものではありません。

経済危機よりも、戦争、テロ、自然災害などのほうが、はるかに大きな力で社会を危機的な状況に追い込みます。

経済危機を、過大評価して恐れてはいけません。

経済危機が発生すると、全財産を失うほどの損をする人がいます。経済危機にまったく影響を受けない人もいます。そして、**値下がりした金融商品を買うことで結果的に得をする人もいるのです。**

この章の冒頭で、「個人の生活」と「経済環境」の関係性について述べましたが、真意はこの点にあるのです。自分が経済と対等な関係で向き合っていると考えることができれば、経済危機に正しく対処できます。

日本のバブルを例にとるなら、経済と対等な関係で向き合っている人は、自宅を抵当に入れてまで不動産を購入するということは避けることができるでしょう。フロー収入だけではなく、ストック収入も得られるような人生設計をしていれば、勤めている会社の倒産にも対応できるでしょう。

反対に、経済に取り込まれている人は、経済のうねりに飲み込まれ、経済危機が発生すると大きな影響を受けることになります。

繰り返しますが、経済は巨大な存在です。巨大ではあっても、その危機的状況が社会を破滅させるわけではありません。

経済危機を恐れることはないのです。「個人の生活」と「経済環境」を対等な関係として考えることのできる人は、**経済危機を、むしろ投資のチャンス**と捉えます。

技術革新によりお金が価値を失う可能性

みなさんは、資産を増やすにはフロー収入に頼るのではなく、ストック収入を増やすほかないことを知りました。経済危機と呼ばれるものが、怖いものではないことを理解しました。投資への意欲がさらに高まっていることと思います。

いよいよ第3章では、投資そのものについて述べますが、この章の最後に、お金について考えてみましょう。

本書のテーマは「真のお金持ちになる方法の考察」ですが、ここで「お金」という言葉を使っているのは、そのほうがわかりやすいからであり、「お金」を増やすことだけが資産を増やすことではありません。テーマと矛盾するようですが、**極論するなら、お金を増やすことが資産を増やすことにつながらないこともあるのです。**

典型例はハイパーインフレが発生したときです。ハイパーインフレによって10キロ3000円の米が300万円に値上がりしたら、1000万円のタンス預金があっても、5人家族なら2ヵ月ほどで飢えることになります。

ハイパーインフレとは別のメカニズムで、お金の価値が大きく変わる可能性もあります。アジア通貨危機は、ヘッジファンドがアジア各国の法定通貨を売り浴びせたことで発生し、通貨は大きく値を下げました。

そもそも通貨は価値を交換する媒体であり、それ自体に価値があるわけではありません。取引をする当事者が、1万円札には1万円の価値があると認めることにより、1万円札には1万円の価値が生じます。

商品を買う側が、1万円札には1万円の価値があると考えても、売る側が一切の価値を認めなければ、1万円札はただの紙切れであり、取引は成立しません。

仮に、国立印刷局以外の高度な印刷技術をもった集団が、本物と見分けのつかないニセの1万円札を大量に印刷し、流通させたとしましょう。10枚、20枚ならともかく、100万枚、1000万枚という単位のニセ札が流通し、そのことを広く国民が知ったら、誰もが疑心暗鬼となり、本物の1万円札も価値を失います。

また、多くの人が仮想通貨のほうが法定通貨よりも安全で利便性も高いと考え、決済に用いる通貨の主流が仮想通貨になれば、法定通貨の価値は相対的に下落します。

お金は経済活動を円滑に行うためのツールに過ぎませんから、**よりすぐれたツールが登場すれば、お金は価値を失います。**

テクノロジーの進化にともない経済活動も変容する

インターネットの発達は世界を劇的に変えました。

さまざまな変化のなかでも最たるものは、以前は接点をもつことのできなかった個人と個人がつながれるようになったことでしょう。

SNSを用いれば、見たことや感じたことを容易に発信できて、多くの人と共有することができます。そのことにより、情報の伝達速度は圧倒的に速くなりました。

電車が駅間で止まったとき、以前は車内放送があるまで、なぜ止まっているのか、いつ運転を再開するのか、わかりませんでした。いまはツイッターなどの情報で、どこで何があったのかを、ときにはリアルタイムで、また、車内放送よりもくわしく知ることができます。

2017年には、30人の宴会予約をキャンセルされた飲食店の責任者が、宴会のために用意した料理の安価な提供をツイッターで呼びかけ、30人ほどが来店し、救済されたというニュースも報道されました。

SNSの効用は身近なことにかぎりません。

以前はジャーナリストの報告に頼るほかなかった海外の紛争地域における市民レベルの実情なども、SNSで知ることができるようになりました。

インターネットによって私たちは、20年ほど前までは得ることのできなかった情報を手に入れることができるようになり、また、情報を発信できるようになりました。

もちろん、ネットリテラシーは必要ですが、インターネットは多大な恩恵をもたらしてくれています。

インターネットによって、お金の流れも変わりました。

生産者と消費者の間に位置する中間業者の役割は小さくなってきています。それは製品の流通にとどまらず、広告にもいえることです。いまでもテレビコマーシャルや新聞広告、雑誌広告などでは広告主とメディアの間に広告代理店が介在しますが、インターネットを使えば、個人でも容易に、低コストで商品やサービスをアピールすることができます。

個人がインターネットで情報を得て、個人から商品を買うとき、そこに各種の中間マージンは発生しません。**売り手と買い手の双方が、取引による恩恵を最大化することができるのです。**

二者間のダイレクトな取引であれば、取引にお金を介在させないことも考えられます。双方の利益が釣り合えば、Aというモノを、Bというモノで手に入れることも可能です。物々交換ですが、もともと通貨はモノの交換を円滑にするために開発されており、物々交換は経済活動の原点といえるのです。

「お金」は物々交換の媒介物でしかない

極論するなら、**インターネットは人類を、経済活動の原点に立ち返らせる可能性を秘めています。**

人類が、どのようにして経済というものをつくり、お金を進化させてきたのかを考えてみましょう。

人が生きていくうえでは、さまざまなモノが必要です。エネルギー源としての穀物が必要です。そのほかの各種食料が必要です。塩が必要です。身にまとうモノが必要です。燃料が必要です。

ときは紀元前。果物をたくさんもっているAさんは、小麦を必要としていました。Aさんが果物をもって小麦を蓄えているBさんを訪ねると、果物と交換してくれました。物々交換の成立です。

数日後、再び小麦が必要になったAさんが果物をもってBさんを訪ねると、交換を断られました。Bさんの手もとには先日の果物が残っており、これ以上、果物があっても腐るだけなので必要ないのです。

Bさんには心当たりがありました。知人のCさんが果物を欲しがっていたのです。しかし、Cさんがもっているのは燃料で、小麦はもっていません。Aさんが必要とするものが小麦である以上、AさんとCさんの取引は成立しません。

このとき、Bさんが燃料を求めているのなら、AさんがCさんに果物を、CさんがBさんに燃料を、BさんがAさんに小麦を提供することで、取引は成立しますが、Bさんは燃料ももっていて、いまは必要ないのです。

Bさんは、果物や小麦や燃料の価値を、別のものに置き換えることができれば、問題が解決することに気づきました。

Aさんとcさんの前に貝殻を差し出し、「この貝殻には果物や小麦や燃料と同じ価値があることにしましょう。私はAさんに小麦を提供しますから、AさんはCさんに果物を提供してください。私は小麦を提供したかわりに、貝殻を預かっておきます。私が燃料を必要とするときは、Cさん、この貝殻と交換してください」と言いました。

物々交換の媒介物としての「お金」の誕生です。

「希少金属」から「目には見えないもの」へ

経済の規模が大きくなると、「お金」の信用度がより重視されるようになります。貝殻や石をお金としていては、拾ったものが無制限にお金として流通する危険性があり、経済が正常に機能しません。

そこでエジプト文明やメソポタミア文明では、数量にかぎりのある、金や銀でお金をつくることにしました。とくに、希少な金を通貨に位置づけたことは重要で、世界各国が20世紀前半まで用いた「金本位制」へと続いていくことになります。

古代文明の時代よりもさらに経済がスケールアップすると、金100%の金貨や銀100%の銀貨だけでは通貨が不足するようになりました。そこで行われたのが、金や銀に別の金属を混ぜて通貨をつくる「改鋳」です。

仮に金貨であれば、国が保証することで、金100%の金貨も金50%の改鋳による金貨も、同じ額面の通貨となるわけですが、問題が生じます。本物の金貨と改鋳による金貨が手もとにあれば、誰もが改鋳による金貨から使い、本物の金貨は手もとに残します。結果、実質的な価値の低い通貨ばかりが流通するようになるのです。

この現象は、エリザベス1世に対して経済政策を進言した16世紀の英国王室金融代理人、トーマス・グレシャムの名から**「グレシャムの法則」**と呼ばれ、一般的には**「悪貨は良貨を駆逐する」**として知られています。

金貨や銀貨といった、それ自体に実質的な価値のある通貨が流通する一方で、当事者の信用のもと、紙などに書いたものを通貨に見立てる取引も行われるようになりました。古代エジプトでは、パピルスに書いた穀物の預かり証が使われています。

手書きの預かり証や手形は、長いときの流れを経て、現在、世界中で使われている印刷物の紙幣になりました。

テクノロジーの発達によって、電子マネーや仮想通貨といった、目には見えない通貨も登場しています。

しかし、お金がどのような姿をしていても、姿が見えなくても、お金が誕生した背景には物々交換があります。換言すれば、**経済の本質は物々交換**なのです。

通貨を必要としない未来も想定できる

国が管理する法定通貨を用いる経済は、すべてに国が介在しています。モノを買ったり売ったりするとき、企業も個人も、通貨によって国とつながっています。

政情が安定している日本で生活していると意識しませんが、ここまでさまざまな実例で示してきたように、通貨で国とつながることには危うさもあるのです。

個人と個人のつながりには、国やそのほかの第三者に影響される価値の変動がありません。一方がもっているAと、もう一方がもっているBの価値が等しいと双方が認め、交換を望むなら、国境を越えてもダイレクトに交換できます。もちろん、為替レートも関係ありません。

実際に国境を越えて取引すれば、関税や運送費など、さまざまな付随費用がかかるでしょうが、これはあくまでもインターネットがもたらす新しい経済活動の可能性の話です。また、法定通貨の対抗軸に仮想通貨を置いての論ではありません。

P2Pネットワークで世界中の何十億人という人が結ばれれば、**お金を介さない物々交換が至るところで成立する**はずです。先に登場した、果物をもち、小麦を求めるAさんは、小麦をもち、果物を求める人と必ず出会うことができます。すなわち、**モノに値段はつかなくなります。**

日本に米を食べたい人がいて、アフリカのどこかの国にも米を食べたい人がいて、通貨の力の違いによってどちらか一方しか食べることができないというのは、本来、おかしな話でしょう。米を食べることの必要性、米を食べたいという欲求に値段はつけられないのです。よろこびや悲しみといった心的状態に値段をつけられないのと同じことです。

ところが、現実には、米を食べることの必要性や米を食べたいという欲求は、通貨によって値段をつけられています。もっているお金が米の値段に届かなければ、米を食べることはできないのです。

P2Pネットワークで世界中の個人と個人がつながれば、米を食べることの必要性や米を食べたいという欲求に、値段をつけられることはなくなります。

つまり、通貨は必要なくなります。

しかし、いまは法定通貨によって経済が動いています。現実的に「真のお金持ちになる方法の考察」をしましょう。

第1章でも述べたように、本書においては、「貨幣の価値を信じますか?」の質問に対する回答は「わからない」が正解であり、私自身にとっても、お金の価値が信じられるか否かは「わからないこと」です。

お金の価値が信じられるか否かは「わからないこと」であると考える私が、「真のお金持ちになる方法の考察」をすることに疑問を感じないでください。私は「信じられること」と「わからないこと」に線引きをして、「シンプルな視点」で経済を捉えることにより、投資で利益を得ています。

それでは本書の核心である第3章に進みましょう。

第3章

全国民投資時代の到来

全国民投資時代はすでに始まっている

第4章でくわしく述べますが、これからの10年はＡＩ（人工知能）が急速に発達します。自動運転車も、完全自動運転であるレベル５の市販車が、あと数年で登場すると考えられています。また、インターネットに関連する技術もさらに進歩し、インターネットバンキングによって銀行の窓口に出向かなくてもよくなったように、さまざまなことが合理化を極めます。

その結果、多くの人が職を失うことになります。これも詳細は第4章に譲りますが、**技術的には10～20年後に、日本の労働人口の約半分がＡＩによって代替可能であると推計されています。**

給料などのフロー収入に頼って生活をしている人の半数は、一切の収入を絶たれる恐れがあります。

残された道は一つしかありません。**ストック収入を得ること**です。

ストック収入を得るには、収入を生み出す資産が必要です。しかし、フロー収入で生きてきた人に資産はほとんどないはずです。

持ち家を資産だと考えている人は多くいますが、住宅ローンを支払っている状態であるならば、持ち家は資産ではなく、負債です。

想像してみてください。住宅ローンを完済しないうちにフロー収入がストップすることを。住宅ローンが生活に重くのしかかるどころではないのです。完済できるだけの貯蓄がなければ、家を手放すことになります。

新しい技術に職場を追われる日は刻一刻と迫っています。企業は利益を最大化するために活動していますから、余剰人員を企業が救済することはありません。

もう待ったなしなのです。

全国民投資時代は、すでに始まっています。

投資の原則ですが、資金は大きければ大きいほど有利です。つまり、全国民投資時代は、**早い者勝ち**なのです。スタートが遅れれば、投資対象はなくなります。

２０２８年、10年後も稼げる人でいるために、何に投資をすればいいのか、どんな投資をすればいいのか、考えてみましょう。そして、少ない資金でも着実にストック収入が得られる投資を、いますぐにでも始めましょう。

投資とは「未来の価値」を買うこと

現在、金融庁のホームページには、２０１４年1月にスタートした個人投資家のための税制優遇制度「ＮＩＳＡ」の特設サイトがあります。投資に無縁の人や投資のビギナーを対象としたその特設サイトには「投資の基礎知識」というコーナーがあり、貯蓄と投資の違いを、次のように説明しています。

貯蓄　すぐに使うことができ、流動性の高いお金
投資　中長期的な目線で増やすためのお金

投資をしたことのない多くの人も、同じようなイメージをもっているのではないでしょうか。しかし、投資をしている人にとってこの説明は、当たらずとも遠からず、です。金融庁は、ライフプランを踏まえた資産形成の大切さを啓蒙するために、このような表現としているように思われます。

投資をしている人にとって、貯蓄と投資の違いは次のようになります。

貯蓄　いまあるお金をお金のままにしておくこと
投資　いまあるお金で「未来の価値」を買うこと

投資とは、投資の内容にかかわらず、「未来の価値」を買うことです。株式投資は企業の「未来の価値」を買うことであり、不動産投資は土地や建物の「未来の価値」を買うことです。比喩的な表現である「自分への投資」は、自分の「未来の価値」を高めるために、お金を使って学んだり、経験を積んだりすることです。

ポイントとなるのは、投資における「未来」とは、言葉からイメージするような長いスパンの将来ばかりではないことです。投資における「未来」は、「未だ来ていないとき」のすべてが対象となります。つまり、投資の世界では、10年後も、翌日も、1秒後も「未来」なのです。

確実な未来はありません。未来の価値が確定しているものもありません。未来が完全に見通せる人はいません。だからこそ、投資によって大きな利益を得ることが可能になるのです。

投資には「夢」があります。

株式投資における本当の意味を理解する

投資にはジャンルがあります。

世間で最も知られているのは株式投資でしょう。

企業の「未来の価値」を買う株式投資には、あとで触れる不動産投資などのほかの投資とは違う特徴があります。

それは、投資家が企業の株式に投資することで、投資された企業が成長し、価値を高める可能性があることです。

不動産に投資することにより、投資された不動産が成長し、価値を高めるということはありません。投資が競合すれば不動産価格は上がりますが、投資によって土地が広くなったり、建物が大きくなったりすることはありません。

ところが、株式投資の場合は、投資家が株式に投資したお金で、企業は資金調達をすることになります。株式市場で調達した資金は、研究開発や設備投資にあてることができるため、企業自体が成長します。

企業が成長すれば、企業価値が上がり、株価も値上がりします。つまり、投資家は株式投資によって、自らがもっている株式の価値を高めることができるのです。

巨大化した企業は株価が安定するため、株式投資によって劇的に株式の価値を高めることはできません。しかし、ベンチャー企業や成長途上の企業の場合は、投資家の投資が原動力となる株価の劇的な上昇が望めます。これは株式投資の醍醐味です。

一方、株式投資には大きなリスクもあります。粉飾決算やコンプライアンス違反などの不祥事が露見すると株価は暴落しますし、企業が倒産すれば証券はただの紙切れになります。

株式投資には、企業の価値を正しく判断する視点が求められます。決算報告などによって、おおよその実態は掴めますが、東芝の粉飾決算のように、不祥事が隠蔽されていることもあります。株式投資をする場合は、**「分散投資」**でリスクを回避するのが基本です。

また、株式は世界経済の状況とリンクしています。リーマンショックのような経済危機が発生すると、株価は暴落し、止める手立てはありません。

不動産の価値には裏づけがない

不動産投資は、土地や建物を所有しているかぎり、資産価値がゼロになるということはありません。この点は、倒産によって証券が紙切れになる株式投資と大きく異なるところです。

ところが、不動産投資には、不動産の価値そのものが曖昧であるという問題があります。土地にも建物にも価格がついているのに、価値は曖昧です。不動産は売り手と買い手によって価格が決まりますが、それは価格の裏づけとなるものがないからです。

株式の場合は、企業の決算という株価の裏づけとなるものがありますが、不動産にはありません。土地の価値は面積によって決まるわけではなく、建物の価値も大きさによって決まるわけではないのです。裏づけがないために、原野商法のような悪徳商法も行われます。

賃貸経営は状況が悪くなると立て直しが難しい

集合住宅を建てて、家賃収入を得るという不動産投資があります。

家賃収入で得る利益を「利回り」といい、「利回り」は次のように計算します。

「利回り（％）」＝「年間の家賃収入」÷「物件価格」×１００

たとえば、物件価格1億円の集合住宅で年間の家賃収入が１０００万円とすると、「１０００万円（年間の家賃収入）」÷「1億円（物件価格）」×１００で、利回りは10％ということになります。

ところが、この10％は、つねに満室の状態であった場合の数字です。全10室で、入居が平均5室とすると、利回りは5％に下がります。

集合住宅の賃貸経営には修繕費などもかかりますから、資金を借り入れて建築していれば、金利負担のほうが利益よりも大きくなってしまう恐れもあります。

空室を減らす目的で家賃を下げれば利回りも下がりますし、1室あたりの利益を増やすために家賃の値上げをすればさらに空室が増えるでしょう。また、近くに鉄道の駅ができるといったことでもないかぎり、物件は年々、価値を下げていきます。

一度、状況が悪くなると、立て直しが難しいのが集合住宅の賃貸経営です。立地が極めてよいなど、確実な付加価値がなければ、リスクの大きい投資となります。

総務省は２０１１年を「人口が継続して減少する社会の始まりの年」と位置づけています。移民を受け入れなければ、日本の人口減少は加速する一方であり、必然的に住宅も余ります。

すでに空き家率は上昇しており、総務省の住宅・土地統計調査によると、２０１３年の時点で、17・２％の山梨県、16・９％の愛媛県、16・８％の高知県などは、約６軒に１軒が空き家という状況になっています。都市部の東京、神奈川、埼玉も10％を超えているので、地域間格差はあるとしても、**空き家問題は全国共通**のものなのです。

バブル期までは土地神話もあった不動産投資ですが、現在は慎重さが不可欠な投資となっています。

実は多種多様な商品を扱う先物取引

投資のジャンルのなかでも一般的に知られている株式と不動産については、その特徴や問題点について、簡単に述べるにとどめました。それは、本書の読者を、投資の経験がない、あるいは少ない、まだお金持ちではない人と想定しているからです。

株式に投資をして大きな利益を得たり、投資目的で不動産を購入したりするには、まとまった資金が必要です。資金が余りない状態で投資をするのなら、それが可能なジャンルを選ぶほかありません。

まず、候補となるのが、商品先物取引です。もちろん、資金ゼロで始めることはできませんが、読みがよければ少額投資で大きな利益を得ることのできる投資です。

先物取引は、商品（コモディティー）の価格が、将来、上がるのか下がるのかを予測して、投資します。

先物取引で扱う商品は、大豆、小麦、トウモロコシなどの農産物、石油や天然ガスなどのエネルギー資源、ゴム、銅、アルミニウムなどの工業原料、仮想通貨のビットコインなど、多岐にわたります。

資本主義のもとでは、すべての商品は需要と供給のバランスによって価格が決まります。たとえば、農産物の場合、天候によって収穫量が変わるため、収穫が多く、供給が増えると、価格は下がります。反対に収穫が少なく、供給が減ると、価格は上がります。また、新興国の経済発展などによって需要が増えると、収穫量は同じでも価格は上がります。

商社が半年後に小麦を輸入しようとしているとしましょう。

半年後の価格はわかりませんが、現在の価格と大きく違う価格で輸入したのでは、市場が混乱し、また、商社の利益が出ない恐れもあります。それを避けるために、**商社は小麦の売り手と、半年後の価格をあらかじめ確定させて、取引の約束をします。**これが先物取引です。

半年後、小麦が豊作で価格が下落したら、商社は先物取引を行っていなければ得られたはずの利益を逸したことになります。しかし、小麦が不作で価格が上昇したら、商社は高値で買わずにすんだことになります。

売り手としても、価格が上昇したときには利益を逸することになりますが、価格が下落したとしても一定の利益は得られることになります。

このように、**売り手と買い手の双方が、状況にかかわらず一定の利益を得られるようにして、取引を安定させる仕組みが先物取引です。**

投資家にとっての先物取引とは、実際には先物取引の権利のやりとりです。小麦の先物取引の権利を買い、価格が上がっているときに売れば利益が出て、下がっているときに売れば損失が発生します。

金は有事に強い安定的な資産である

多種多様な先物取引の商品のなかには、金もあります。

金は、人間が生産できる農産物と違って、地球上に存在する量にかぎりがあります。イギリスの貴金属調査会社トムソン・ロイターＧＦＭＳ社の統計によると、２０１４年末の時点で、**金の地上在庫総量は18万3600トン**です。

また、石油にとってのシェールガスのような代替物がありません。

この特質は金にほかの商品とは異なる価値を与えています。唯一無二の存在である金は、長期的に見ると価格上昇を続けるのです。

サブプライム住宅ローン問題が発生した2007年に1トロイオンス（31・1034768グラム）が約600ドルだったニューヨーク金は、株価が大幅下落したリーマンショックでも大きく値を下げることなく、2017年には倍の約1200ドルになっています。

金は、有事に強いことでも知られています。

1979年に旧ソ連がアフガニスタンに侵攻した際は、金価格が急騰しています。2001年9月11日に米国同時多発テロが発生した際は、ダウ平均株価が722ドル値を下げたのに対し、金市場は影響を受けませんでした。

現在は北朝鮮情勢が不透明なことから、安定的な資産としての金がさらに存在感を高めています。

長期的に見て価格が上昇を続け、社会状況による価格の下落もない金を、先物商品としてはどのように捉えればいいのでしょうか。当然のことながら、利益を得るチャンスの多い投資対象ということになります。

CFDはビギナーが参加しやすい投資

ここ数年、とくに個人投資家が注目している投資のジャンルに、インターネット取引を中心とする**「CFD取引」**があります。

CFDとは為替、株式、株価指数、商品など、さまざまな資産に投資をすることができる金融商品であり、ブームとなったFX取引は、為替取引のCFDです。

CFDには、そのほかの投資にはない、数々の特徴があります。

まず、インターネットを使うCFDは、何回、取引しても手数料が無料です。

また、株式や不動産は、まず、「買い」から取引を始めることになりますが、CFDは「売り」からスタートすることもできます。説明はあとにしますが、「売り」からスタートできるということは、下落局面でも利益を上げることができるのです。

手持ち資金の少ない人にとって、CFDの最大の魅力は、少ない資金で取引ができることです。これはレバレッジ（てこ）をかけることができるからで、商品CFDの場合は、投入する資金（証拠金）の20倍の取引をすることができます。つまり、10万円の資金で、200万円の取引ができるわけです。

仮に、20倍のレバレッジをかけて10万円を投資したとしましょう。投資した対象が1・2倍に値上がりした時点で売ると、10万円の投資で200万円の1・2倍、240万円を得ることになりますから、そこから資金等を差し引くと40万円の利益となります。レバレッジについても、後述します。

ハイリターンが期待できるということは、反面、リスクもあるということですが、CFDでは自動的なストップロス（損切り）を行うことができます。ハイリターンのチャンスが十分にあるうえに、損失は想定内に収めることができる投資なのです。

加えてCFDには、取引を円滑に行うための扱いやすい取引ツールがあります。

さまざまな点でCFDは、**ビギナーが参加しやすい投資**です。

世界中が求める金に価格下落の不安要素はない

CFDではさまざまな商品に投資することができます。

そのなかには金もあります。

金は長期的かつ安定的に価格を上昇させるので、先物取引では利益を出しやすい商品と述べました。つまり、金はＣＦＤでも利益を出しやすい商品なのです。ＣＦＤも、今後の価格の動きを予測し、投資をする点では先物取引と同じです。

金の価格が上がり続ける理由を、もう少しくわしく説明しましょう。

金はもはや、アメリカの巨大資本をもってしても価格をコントロールできないものになっているのです。

２０１３年４月半ば、金の価格は急落しました。投資銀行のゴールドマン・サックス社が金の暴落を仕組んだといわれており、金の下落が始まった当初は、底値が見えない状況でした。

しかし、急落は数日間で収束しています。経済成長の著しかった中国やインドの富裕層が、価格の下落を見て、金に買いを入れたのです。**量にかぎりのある金は、世界中の多くの人が、絶対的な安定資産と捉えているのです。**

価格を決定するのは需要と供給のバランスです。新たな金の供給がなく、需要が大きくなれば、価格は上昇します。人口の多い新興国の経済がさらに発展すれば、金の価格は加速度的に上昇していくことでしょう。

ＣＦＤは、基本的に短期間の取引を繰り返すことによって利益を積み上げていく投資ですが、短期間の取引は、長期的な価格の動きのなかで行われます。

ましてや北朝鮮情勢をはじめ、世界に不安定要素がたくさんある時代です。

ビギナーにとって最も参加しやすい投資がＣＦＤであり、現在、最も安定的な資産が金であり、ＣＦＤが金を扱っているとなれば、これからの10年間に向けてやるべきことは決定するはずです。

小さな資金で大きな取引ができる「レバレッジ」

ここまでは、株式、不動産、商品先物取引、ＣＦＤ取引と、代表的な投資のジャンルについて触れ、資金が少ない状況での投資に向いているのはＣＦＤと述べました。

さらに、ＣＦＤの投資対象としては、利益の得やすさからもリスクの少なさからも、金が最適であると結論づけました。

ここからはＣＦＤの投資手法について説明しましょう。

まず、「てこ」を意味する**「レバレッジ」**です。

棒の一端に重いものを載せて、支点を挟んだ反対側の一端に力を加えると、大きなものを小さな力で動かすことができます。この「てこの原理」は人類が発見した物理法則のなかでも極めて古く、敵側の人や馬、陣地などを石で攻撃するカタパルト（投石機）は、紀元前の古代中国や古代ギリシャでも使われていました。

投資におけるてこ、レバレッジとは、少ない自己資金で大きな取引をすることをいいます。株の信用取引、先物取引などで使われ、ＦＸ取引を含むＣＦＤ取引でも広く使われています。

単純化して説明します。1万円の自己資金を金に投資するとしましょう。

1万円分の金を買い、10％値上がりしたときに売ると、1万１０００円で売ることになりますから、差益は１０００円です。

レバレッジを使うと、差益を桁違いに増やすことができます。

レバレッジを利かせるときは、取引会社に自己資金を「証拠金」として預けます。

1万円を証拠金として預けて、20倍のレバレッジを利かせるときは、実質的には取引会社から19万円を借りることになります。

借りることで資金を増やし、大きな取引を可能にするのがレバレッジなのです。

1万円の自己資金に20倍のレバレッジを利かせて金を買い、10％値上がりしたときに売ると、20万円分の金を買い、売ったときには22万円が手に入ることになりますから、取引会社に19万円を返しても手もとには3万円が残り、利益はそこから自己資金の1万円を引いた2万円です。

このように、レバレッジを利かせると、少ない自己資金で大きな利益を得ることが可能となります。

プロは躊躇なく「損切り」をする

ハイリターンを見込めるということは、ハイリスクでもあるということです。

投資は原則的に、ハイリスクならハイリターンで、ローリスクならローリターンです。投資対象と投資手法を選ぶことにより、ハイやローの程度を変えることができますが、原則的にリスクとリターンは比例します。

自己資金1万円に20倍のレバレッジを利かせて金を買い、10％値下がりしたときに売ると、戻るのは18万円であり、取引会社に19万円を返すと損失は1万円、さらに自己資金の1万円も失っていますから、損失の合計は2万円になります。

レバレッジを使う投資は、実際にはこれほど単純なものではありません。

たとえば、取引額における証拠金の比率には幅があります。取引額の30%が必要となる場合は、20倍のレバレッジを利かせて２００万円の取引をするとき、２００万円の30%、60万円を証拠金として預け、そのなかの10万円にレバレッジを利かせて取引をするということになります。

また、レバレッジを使うということは取引会社から借金をするということですから、当然、金利はつきます。

いずれにしても、レバレッジの魅力とは、自己資金よりも大きな取引ができる点にあるのです。

レバレッジは、リスク管理が何よりも重要となります。

前例のように、20倍のレバレッジを利かせて投資対象が10%値下がりすると、自己資金と同額の新たな損失が発生します。皮肉なことに、自己資金の額が多いことにより、返済不能になることもあるでしょう。

取引会社はそのようなリスクを回避するために、**「証拠金維持率」**というものを設定しています。証拠金に対する損失率が証拠金維持率を上回ると、強制ロスカットというシステムによって、取引が中止となるのです。その時点で、損失は確定します。損失の確定を免れたい場合は、損失率を証拠金維持率よりも低くするために、証拠金の額を増やさなくてはなりません。証拠金を増額することを**「追証」**といいます。

先物取引やＣＦＤのような信用取引において、大きな損失を出す要因の典型が、追証です。暴落局面で追証をすると、損失は雪だるま式に膨らんでいきます。

ビギナーは追証をしてはいけません。損をしても仕方ないと割り切れる額の証拠金で投資をするべきです。

大事なのは「損切り」、すなわち見切り売りによる損失額の確定です。**投資のプロは、自らのルールに従い、躊躇なく損切りをします。損切りを繰り返しながら、ここぞというときに大きく儲けるのがプロなのです。**

ビギナーであるなら、なおさら損切りで自らを守る必要があります。取引会社の強制ロスカットによって損失が確定すると悔しい思いをすることでしょう。しかし、強制ロスカットには、投資家保護の側面もあるのです。

投資対象の価格が下がると利益を得られる「売り」

不動産投資は、値上がりを見込んでの投資です。不動産価格が値下がりを続けている局面では、いまが底値と考えて投資をするケースはありますが、これからも価格が下がることを予想して買う投資家は、当然のことながら、いません。

ＣＦＤでは、**「空売り」**という手法を使うことで、値下がりが予想されるときにも投資をすることができます。

空売りは、投資対象とする現物をもたずに、対象物を売る契約をすることで、株式や商品先物でも行われます。ＣＦＤのような差金決済の投資では、もともと現物ではなく「空」の取引なので、単に「売り」と呼ぶことが多いため、ＣＦＤの投資手法を説明する本稿では「売り」とします。

投資対象の値下がりによって利益を得る「売り」とは、どのようなものなのでしょうか。ここでは「空」ではなく、「実物」による取引のたとえ話で説明します。

あなたは中古車販売業者です。客が来店して、ビンテージカーのAを1000万円で買いたがっています。あいにくAの在庫はありません。そこで親しくしている同業者に尋ねると、Aの在庫があるといいます。

あなたは3ヵ月後に状態が同じ別のAを返す約束で、同業者からAを引き取り、客に1000万円で売ります。

あなたは3ヵ月後までに状態が同じAを、同業者に返さなければなりません。

3ヵ月後までに同状態のAが数台見つかり、その最低価格が1200万円だったとしましょう。それでもあなたはそれを購入し、返す必要があります。この場合、あなたは一連の取引によって200万円の損失を被ることになります。

最低価格が800万円だった場合はどうでしょうか。客に1000万円で販売し、Aの購入代金は800万円ですから、200万円の利益を得ることになります。

すなわち、将来、安く手に入れることができるものは、現時点では借りておき、借りたものを売ることで利益を得られるわけです。

たとえば、3ヵ月なら3ヵ月の期間に金の価格が下がると予想するなら、取引会社から金を借りて、金に「売り」を入れます。

1万円の自己資金で20倍のレバレッジを利かせると、金を売った代金として20万円が手に入ります。

3ヵ月後の返済期日までに金が10％値下がりすれば、18万円で金を買い、取引会社に返せばいいのですから、差額の2万円が利益となります。

反対に金の価格が上がると予想するなら、当然、金に「買い」を入れます。

CFDは投資対象の価格が上昇局面にあるときでも、下降局面にあるときでも、利益を得ることができる投資なのです。

「金と銀」の反対売買でリスクを回避する

価格の上昇を見越しての「買い」、下降を見越しての「売り」。対極の投資法があるCFDでは、「買い」と「売り」を組み合わせることで、巧みにリスクを回避することができます。

鍵となるのは「反対売買」です。反対売買とは、買った銘柄を売る、あるいは売った銘柄を買うことですが、ここでは、似た性質をもつ二つの商品の、一方を買ったときにもう一方を売る、あるいはその逆の取引をさすことにします。

たとえば、石油と天然ガスのように、どちらもエネルギー源となる商品は、一方の価格が上がれば、もう一方の価格も上がる傾向があります。

株式にしても、マンションデベロッパーのA社が好調なら、同じくマンションデベロッパーのB社も好調という傾向があります。

一方が絶好調のために、もう一方があおりを受けて不調ということもありますが、似たような商品の市場全体が、似たような企業による業界全体が、上昇か下降、いずれかの方向に進むことは多いものです。

この傾向を利用するリスク回避が反対売買です。

石油に「買い」を入れ、天然ガスに「売り」を入れておけば、エネルギーが供給過剰になって値を下げたとき、「買い」の石油では損をしますが、「売り」の天然ガスでは儲けが出ます。

マンションデベロッパーAの株式に「買い」を入れ、Bに「売り」を入れておけば、マンション市場が活況になったとき、Bで損をしても、Aで得をします。

ＣＦＤが扱う多種多様な商品のなかでも、金は長期的かつ安定的に価格を上昇させるため、利益を出しやすい商品です。

金を投資対象として、リスクを回避する反対売買はないのでしょうか。

あります。**「金と銀」の反対売買**です。

銀は金と同様、貴金属であり、また、工業用素材としても広く使われています。銀の埋蔵量は減っており、希少性が高まっていることから、投資対象としての性質も金と似たものになっています。

実際、先物市場における年単位の値動きにしても、金と銀はほぼ連動しています。

つまり、「金」に「買い」を入れ、「銀」に「売り」を入れる、あるいは「金」に「売り」を入れ、「銀」に「買い」を入れることで、利益を出しやすい「金」のＣＦＤは、さらにリスクが低下するのです。

「サヤ取り」で利益を出しやすい「金銀トレード」

勘のいい読者は、ここで疑問を感じることでしょう。

金に「買い」を入れ、銀に「売り」を入れれば、たしかにリスクは回避できるかもしれないが、利益も見込めないのではないかと。

たしかに、金と銀の値動きがぴったりと重なり、「買い」と「売り」を同時に行えば利益は出ません。

しかし、値動きの傾向は同じでも、金と銀の値動きが完全に同じということはありません。金の値動きと銀の値動きは、近づいたり離れたりしながら、基本的には右肩上がりのグラフを描きます。

金と銀の価格はほぼ連動します。すなわち、値動きのグラフが離れているときは、上に位置するほうは割高で、下に位置するほうは割安ということになります。

割高なものの価格は市場原理で値下がりします。割安なものは値上がりします。

もうおわかりでしょう。

割高なほうに「売り」を入れて、割安なほうに「買い」を入れれば、リスクを回避しながら儲けることができるのです。

金と銀の反対売買であれば、金が割高なときは金に「売り」を入れ、相対的に割安な銀には「買い」を入れます。そうすることによって、金と銀の双方から、利益を得ることができるのです。

このように、関連性の強い２銘柄の価格差から利益を得る投資手法を、専門的には**「裁定取引」**や**「アービトラージ」**といい、一般的には**「サヤ取り」**といいます。

確認しておきましょう。

投資のビギナーにとって、第一歩にふさわしいのはＣＦＤです。そして、安全かつ着実に収益を得るためには、**「反対売買」による「金銀トレード」を基本として、「サヤ取り」を繰り返す**ことです。

金と銀の値動きにはパターンがあり、「サヤ取り」が成功しやすいのも「金銀トレード」の大きなメリットです。

もちろん、金や銀の値上がり、あるいは値下がりが確実視されるときには、「反対売買」をせずに、「買い」か「売り」の一方に取引を集中します。そのようなメリハリをつけることができれば、利益はさらに大きくなります。

投資で勝利するための究極のアプローチ法

本書に記す、投資そのものについての結論は、「反対売買」による「金銀トレード」です。駆け足で進めてきましたが、「金銀トレード」のエッセンスはわかりやすくまとめたので、自分もすぐに、自分の力で儲けることができると考えている読者もいるかもしれません。

しかし、ビギナーが机上の知識だけを頼りにＣＦＤで利益を上げることは、ほとんど不可能です。信用取引は、勝者がいれば敗者も必ずいる世界です。百戦錬磨の投資家がしのぎを削る投資の世界で、ビギナーに勝ち目がないのは当然なのです。

それでも心配はいりません。

あなたは山の頂きをめざす、ビギナーの登山者です。

登山口はたくさんあり、しかもそれぞれの道は、いくつも枝分かれしています。道に迷っていては、たとえ山頂まで登れたとしても、日のあるうちに下山することができなくなります。

あなたは地図を頼りに、最短と思われるコースを組み立てます。しかし、そのコースは平面的な地図をもとにしていますから、実際に行ってみると、険しい崖になっていて、ロッククライミングの用具や心得がなければ、進むことができないかもしれません。

あなたは、どのようにすれば、最短コースを知ることができるのでしょうか。

投資のやり方を解説したマニュアル本は、地図に過ぎません。投資のジャンルや投資手法について述べてきたこの第3章を1万ページに増やしたところで、10万分の1の地図を1000分の1の地図にしたようなもので、地図であることには変わりありません。地図だけでは、最短コースはわからないのです。

最短コースで山頂をめざすのなら、方法は一つです。山を知り尽くした上級者のあとをついていくのです。

あなたには、CFDの上級者、いや、達人のあとを、ぴったりとついていくことのできる究極のアプローチ法を用意しました。

答は、本書の巻末に掲載しているＱＲコードより私のＬＩＮＥ＠に登録していただいた方限定でお伝えします。

投資のジャンルや投資手法など、投資の基礎知識を身につけておいたほうが、投資は楽しくなります。

スポーツ観戦で、贔屓のチームが勝つとうれしいのはもちろんですが、そのスポーツのルールを知って観戦したほうが、何倍も何十倍も楽しいものです。

本書の巻末にあるＱＲコードの先に進んだとき、あなたは投資のゲームに勝つことができます。そして、投資の知識に比例して、勝つよろこび、勝つ楽しさは大きくなるのです。

第4章

2028年、この世界はどうなっているのか？

SNSは「無」の状態から急速に広まった

本書は、タイトルにあるように、10年後の2028年を見据えています。これからいつまでも稼ぎ続ける人になることをめざしますが、10年を一つの区切りにしているのです。

10年間で社会は変わります。社会の変化は、すべて経済に関係します。すなわち、社会の変化をいち早く察知して投資をする、あるいはリスクを回避する人が資産を増やせるのです。

10年間で社会はどのくらい変わるものなのでしょうか。2008年以降の10年間に、社会がどれだけ変化したかを見てみましょう。

2004年に米ハーバード大学の学生によって開発され、学生間のコミュニティーツールとしてスタートしたフェイスブックは、2008年、日本に上陸しています。同じく、アメリカで2006年にサービスを開始したツイッターも、日本語版が登場したのは２００８年です。

総務省が２０１７年7月に発表した「情報通信メディアの利用時間と情報行動に関する調査」によると、ソーシャルメディアのアクティブ（書き込む、投稿する）の利用率は44％の1位ＬＩＮＥが、15％の2位フェイスブックを引き離して断然の首位ですが、ＬＩＮＥのサービスが始まったのは２０１１年です。

こうして見ると、**２００８年以降の10年間は、日本社会において、ＳＮＳが「無」の状態から急速に広まった10年間と捉えることができるでしょう。**まさにビッグバンです。

ＳＮＳの隆盛を支えたのはスマホの普及ですが、日本で初めてアップルのアイフォンが発売されたのは２００８年です。また、翌２００９年にはＮＴＴドコモからアンドロイド搭載のスマホが発売されています。

スマホが急速に普及した２００８年以降は、それまでも一部では問題視されていた日本のビジネスのガラパゴス化が顕在化しました。

ＮＴＴドコモが１９９９年からサービスを開始した携帯電話ＩＰ接続サービス、ｉモードは、２００６年1月時点の登録者数４５６８万７１１７人によって、ギネスワールドレコーズから世界最大のワイヤレスインターネットプロバイダーと認められました。ところが、それから10年足らず後の２０１５年を最後に、ｉモードを搭載した新機種の携帯電話は発売されなくなり、ｉモード自体も姿を消そうとしています。

２０１７年11月７日、日経平均株価はアベノミクスの効果により、バブル崩壊後の最高値となる２万２９３７円60銭となりましたが、自民党の安倍晋三衆議院議員が第96代内閣総理大臣に就任し、第２次安倍内閣をスタートさせたのは２０１２年12月26日のことです。２００９年９月16日からその日までの３年余りは民主党政権が続いていました。２００８年以降には、小選挙区制による初めての政権交代と２度目の政権交代があったのです。

２０１１年３月11日には東日本大震災が発生し、東北地方と関東地方の太平洋沿岸部が津波により、甚大な被害を受けました。福島第一原子力発電所ではメルトダウンが発生し、放射性汚染水の問題はいまだに解決していません。

２０２０年の夏季オリンピック、夏季パラリンピックの開催地が東京に決まったのは、アルゼンチンのブエノスアイレスでＩＯＣ総会が開催された現地時間２０１３年９月７日のことです。

過去の出来事から未来を予測する訓練法

海外では2008年からの10年間にどのようなことが起きたでしょうか。

2008年には、第2章で触れたリーマンショックが発生しています。

2009年には最初の仮想通貨ビットコインの運用が始まりました。

2006年から活動していた過激派組織ISIL（イラクとレバントのイスラム国）は2014年6月29日、シリア北部アレッポからイラク中部ディヤラ県に至る地域を実行支配していると主張し、IS（イスラム国）の建国を宣言しました。

ISはインターネットを使った巧みなプロパガンダで戦闘員を募り、2015年1月の時点で、日本の国土面積の約4分の1にあたる約9万平方キロメートルの地域を支配したとされます。しかし、イラク政府軍、シリア政府軍、米軍などの掃討作戦により、2017年にはイラクのモスル、シリアのラッカなど、主要な支配下の都市を失い、勢力を弱めています。

イギリスではEU（欧州連合）からの離脱の是非を問う国民投票を2016年6月

23日に実施しています。結果は51・89％対48・11％の僅差で離脱が残留を上回り、離脱が決定しましたが、2017年12月3日付の英日曜紙メールオンサンデーによると、有権者の50％は国民投票の再投票の実施に賛成しているとされます。

2014年9月18日にはスコットランドでイギリスからの独立を問う住民投票が実施され、反対が55・30％で賛成の44・70％を上回りました。

また、2017年10月1日にはスペイン東端のカタルーニャ自治州でスペインからの独立を問う住民投票が実施され、92・01％の得票率を獲得した賛成が、7・99％の反対を圧倒しました。スペイン政府はカタルーニャ自治州の独立を認めていませんが、同国では1975年にフランコ独裁政権が終わり、78年に立憲君主制の新憲法が制定されて以来、最大の混乱となっています。

2014年2月にはウクライナ騒乱が起こり、軍事力を行使したロシアは同年3月18日にロシア系住民の多いクリミア半島のクリミア自治共和国とセヴァストポリ特別市をロシア領としています。この編入を国際社会は承認していません。

民主的な投票と軍事行動という大きな違いはありますが、スコットランド、カタルーニャ自治州、クリミア半島で起きていることが示すのは、民族や文化の共同体と国家の枠組みには齟齬が生じるということです。

グローバル化が進む一方で、民族、宗教、文化などの違いによる「新しい国境」を求める声は各地で高まりを見せています。国境を定めずに建国を宣言したＩＳは、その極北といえるでしょう。

北朝鮮では２０１１年12月17日に金正日朝鮮労働党中央委員会総書記が死去し、三男の金正恩が最高指導者の地位を継承しました。軍事優先の先軍政治は先鋭さをまし、核実験、ミサイル発射実験は頻度を高めています。

アメリカでは２０１６年11月８日、有力メディアの予想をくつがえし、実業家のドナルド・トランプが第45代大統領に就任することが確実になりました。

２０１７年１月20日に大統領就任式が行われると、アメリカ第一主義を掲げる新政権への期待が株価を押し上げ、同月25日、ＮＹダウ平均株価は史上初めて２万ドルを突破しました。その後も株価は上昇を続け、同年11月30日には２万４０００ドルに達しています。

国内でも海外でも、２００８年以降の10年間にさまざまな出来事があり、社会は大きく変化しました。ざっと振り返るだけでも、投資のチャンスがいくつもあったことがわかります。

2028年までの10年間にも、投資のチャンスはいくつもあります。リスクとして考慮しなければいけないこともたくさんあります。

大事なのは、これから起こる可能性のあることを想定しておくことです。

AIなどの技術で労働人口の約49%は代替可能

2008年からの10年間はSNSの浸透が社会を大きく変えたように、**2018年からの10年間はAIが社会を変えると考えられています。**

SNSの普及とAIの普及の違いは、前者が一般市民の支持がもたらしたものであるのに対し、後者は行政や企業が主導することになるということです。

従来のコンピュータープログラムは、設計者が意図した範囲内での計算処置を繰り返すだけでしたが、AIは計算処理の経験を積むことによって、分析、推測、判断などの力を自ら成長させます。

現状、ＡＩが得意とするのは、目的が明確で、ゴールに至るプロセスが計算によって成立するものです。

近年、たびたび行われてきた将棋のプロ棋士とＡＩの対局は、ＡＩの急速な進化を実感させるものでしたが、将棋は目的（相手の玉将・王将を詰む）が明確で、「詰み」に至るプロセスが計算によって成立するのでＡＩに向いています。

業務のなかにもＡＩに向くものはたくさんあり、ＡＩが進化すると、それらはＡＩが担うことになる可能性があります。

野村総合研究所は、英オックスフォード大学の研究者2名との共同研究により、国内６０１種類の職業について、それぞれＡＩやロボットなどで代替される確率を計算し、２０１５年12月に発表しました。そのレポートによると、日本の労働人口の約49％が、技術的には10〜20年後に代替可能であると推計されています。

また、そのレポートでは、代替可能性の高い職種と低い職種の一部を、あくまでも「参考」ということで、以下のように紹介しています。

【代替可能性の高い職業】

- 必ずしも特別の知識・スキルが求められない職業に加え、データの分析や秩序的・体系的操作が求められる職業

【代替可能性の低い職業】

- 芸術、歴史学・考古学、哲学・神学など抽象的な概念を整理・創出するための知識が要求される職業
- 他者との協調や、他者の理解、説得、ネゴシエーション、サービス志向性が求められる職業

代替可能性の高い職業についていると、将来、職を失う可能性があるわけですが、具体的にはどのような職業なのでしょうか。

代表は一般的な事務職です。現在、事務職についている人のなかには、たとえば、「経験に基づく十分なチェックがあるから会計ミスを防いでいる」といったプロ意識をもって仕事をしている人も多いことでしょう。そういう人は、ＡＩに職を奪われる

ことなどないという自負があって当然です。しかし、データの蓄積によってミスを防ぐことや、正確に計算をすることは、ＡＩが最も得意とするところなのです。

カスタマーサポートなどのオペレーターも代替可能性の高い職業です。クレーム対応などは、代替可能性の低い職業の条件である「他者との協調」が必要との見方をすることもできますが、ビッグデータをもとにしたＡＩによる均一なクレーム対応のほうが、むしろトラブルは防げると考えるほうが妥当でしょう。

販売店員の仕事もＡＩに向いています。たとえば、客が発する言葉から客の好みを察して商品を提示するとき、ビッグデータを用いたほうが、店員個人の経験で選ぶよりも、購買につながる可能性は高くなります。

自動車そのものがＡＩ化し、道路もそれに合わせて仕様を整えれば、自動車の運転も代替可能です。同様に重機や工作機械などのオペレーターもＡＩの領域ということになるでしょう。

AIの「知」は雪だるま式に増量する

今後、多くの人が、AIによって職場を追われることになるでしょう。そして、それは皮肉なことに、これまでは安定した収入を得ることができた大企業から進行します。高度なAIの導入には、それなりの資金が必要だからです。

大企業に勤めていて、代替可能性の高い職種についている人は、転職やストック収入を増やす方策を考えたほうがいいでしょう。事実、業務のAI化を進めている銀行は人員削減策を公表しており、それは三菱東京UFJ銀行が約6000人、三井住友銀行が約4000人、みずほ銀行が約1万9000人と、3メガバンクで約3万人という大規模なものです。

また、AI化は、SNSが一気に普及したように、驚異的なスピードで進行する可能性があります。

SNSは一般市民がその利便性や楽しさなどを評価したことで普及しましたが、急速なAI化は、AI自体がもつ特質によって進行します。

人間の「知」は、個人から個人への場合も、集団から集団への場合も、１００％ダイレクトには受け継がれません。人はそれぞれ、独立した存在だからです。

天才的な研究者が革新的な理論を完成させようとしていて、志半ばで倒れたとしましょう。天才的な研究者のもとには、ともに研究を続けてきた弟子にあたる研究者が多くいます。しかし、天才的な研究者の頭脳が弟子たちに受け継がれるわけではないので、弟子たちの手によって革新的な理論が完成するとはかぎらないのです。

人間は「知」が無の状態で生まれてきて、成長の過程で「知」を積み重ね、死んでいきます。人間の「知」のリレーは、そうした人間の宿命のうえで行われます。

ＡＩは、ＡＩの肉体であるコンピューターが世代交代しても、「知」は１００％ダイレクトに受け継がれます。ＡＩは「知」を伸ばす過程で、後退することが一切ありません。つねに「知」の総量を増やし、また、肉体であるコンピューターも進化しますから、ＡＩの「知」は雪だるま式に増量していきます。

行政のAI化が進めば社会のAI化は加速

野村総研のレポートにある労働人口の約49％が代替可能という数字は、最大限の数字であり、また、ＡＩ化が完全に実行されたとしても、約49％に到達すると推測されているのは20年後です。２０２８年までの10年間には、どのくらいの人がＡＩに職を奪われるのでしょうか。

これは「わからないこと」です。しかし、「信じられること」、すなわち確実視できることはあります。

AIによって余剰人員になった社員を、企業が救済することはありません。収益の最大化を図るためにＡＩ化を進めるのですから当然のことです。

ＡＩによるリストラは大企業が先行するでしょうが、ＡＩ社会に移行するスピードを左右するのは行政機関の動向と考えられます。

役所の窓口業務は、不特定多数に対して限定的なサービスを提供するという意味において、ＡＩと極めて親和性の高い業務です。技術的な側面から見れば、銀行の業務と同様、いち早くＡＩ化が進められるわけですが、公務員には国によって身分保障が定められており、人間が行っている業務を安易にＡＩ化するわけにはいきません。

とはいっても、民間との乖離が大きくなれば批判が噴出することでしょう。現実的には、ＡＩ化を徐々に進める一方、新たな行政サービスを設けて人員の異動を行い、同時に新規採用を減らすということになるのではないでしょうか。

どのようなプロセスを経るにしても、行政のＡＩ化が進めば、社会全体のＡＩ化は加速します。

現状維持を可とする経営者は地位を追われる

労働人口の約49％が代替可能ということは、過半数の人はＡＩに追われて職を失うことはないということです。

野村総研のレポートによると、たとえば、芸術はＡＩによる代替が不可能となっています。**換言するなら、ＡＩに芸術表現はできないのです。**

なぜ、ＡＩに芸術表現ができないのかを考えてみましょう。

ＡＩが、名曲と呼ばれる数多くの管弦楽作品の構造を学習し、新たな管弦楽曲をつくったとします。そこには、バッハの要素も、モーツァルトの要素も、ベートーヴェンの要素も、そのほかの巨匠の要素もちりばめられ、かつ、整合性をもった作品に仕上がっています。

その作品がＡＩによってつくられたものであることをリスナーが知っているとき、リスナーは果たして、バッハやモーツァルトやベートーヴェンの作品に触れたときと同じような感動を覚えるでしょうか。

人間は、人間が行うことと、機械や装置が行うことを、当然のことながら区別して捉えます。人間がもてる能力を最大限に発揮するのを見るとき、人は感動しますが、機械や装置が性能を全開にしても胸を打たれることはありません。Ｆ１マシンの速さや新開発された端末機器の操作性に感動を覚えることもありますが、それらは詰まるところ、操縦者や開発者に対する感動に帰結します。

AIに芸術表現ができないのは、そもそもAIでは人の心を揺さぶることができないからです。

ここに大きなヒントがあります。

社会でＡＩ化が進んでも、ＡＩに職を奪われないようにするには、人の心に深く関わる職業を選ぶことです。教師の仕事がＡＩに取って代わられるという説を唱える専門家もいますが、子どもを心身ともに成長させるには、子どもの心に触れることのできる教師が必要でしょう。教師のＡＩ化が進んだとしても、心のつながりを大切にする教師へのニーズはあるはずです。

２０２８年までの社会を大きく変えることが予測される有力なものとして、ＡＩの話が長くなりました。最後に、意外な職業もＡＩ化が進む可能性があることを指摘しておきましょう。

意外な職業とは、**経営者**です。

自らが新しいビジネスモデルをつくり、カリスマ性をもって企業を率いていくような経営者のかわりをＡＩが務めることはできません。

経営者の地位をＡＩに譲り渡すことになる可能性があるのは、現状維持でも企業が存続すればいいと考える経営者です。現状維持の経営であれば、ビッグデータを用いるＡＩのほうが、確実に正しい判断を下します。

これは役員にもあてはまることです。現状維持でもいいのなら、ＡＩは役員会議に要する時間よりも圧倒的に短い時間で、あらゆる議題の結論を導き出します。

計算できる経営で、人間がＡＩを凌駕することはできません。計算外の一手を打ててこそ、ＡＩとの勝負に勝てるのです。

世界的に異様な速度で電気自動車化が進む

自動車は日本の基幹産業です。

２０１６年の日本の輸出総額は約70兆円。内訳は輸送用機器が17兆３４００億円で全体の24・８％を占め、１位です。輸送用機器に分類される商品のほとんどは自動車（四輪車、二輪車、部品）で、輸出額は15兆１２００億円。同年の自動車の輸入額は２兆１０００億円であり、輸出が輸入を13兆２０００億円上回っています。

ちなみに、輸出額２位の一般機械は輸出13兆６１００億円、輸入６兆３６００億円で、輸出の超過は７兆２５００億円。輸出額３位の電気機器は輸出12兆３２００億円、輸入10兆７９００億円で、輸出の超過は１兆５３００億円。２０１６年の日本の貿易収支は４兆円の黒字ですが、自動車産業が最大の貢献をしているのです。

その自動車産業が岐路に立たされています。

理由は、従来のガソリン車やディーゼル車をＥＶ（電気自動車）にシフトする「ＥＶシフト」が世界的な広がりを見せていることにあります。

世界最大の自動車市場である中国は国策でＥＶシフトを進めています。たとえば、大気汚染の深刻な都市部ではガソリン車の購入に厳しい制限を設けていますが、ＥＶは優先的に購入できるようにしています。

中国のＥＶシフトには大気汚染対策という側面もありますが、より大きな目的は自動車強国になることです。石油燃料車の開発力では日本やドイツなどのメーカーに太刀打ちできませんが、ＥＶならば逆転も可能と考えているのです。

ヨーロッパも脱石油を進めています。

イギリスのゴーブ環境相は２０１７年7月26日、「新車販売の禁止により、10年間でディーゼル車とガソリン車を全廃する」と語りました。

ドイツ、フランス、オランダ、ノルウェーなどでも、石油燃料車の販売を禁止する動きが見られます。

13億人を超える人が生活し、経済成長とともにモータリゼーションが進展すると想定されるインドは、２０３０年までに販売する車をすべてＥＶにする方針です。

電気自動車の部品数はガソリン車の半分以下

これまで、環境に配慮した自動車の代表はトヨタのプリウスでした。

プリウスは１９９７年、世界初の量産ハイブリッド車として発売されました。エンジンとモーターを組み合わせることにより、ＥＶでは困難な長距離走行を可能とし、また、充電設備も不要とする設計は画期的で、世界的な評価を得ます。

プリウスと従来のガソリン車やディーゼル車との決定的な違いは、優れた燃費性能にあり、それは環境負荷が低いことを意味しています。プリウスは環境に対する意識の高い人に支持され、２００７年のアカデミー賞授賞式において、レオナルド・ディカプリオがプリウスで登場したのは、その象徴でした。

しかし、いま、ＥＶシフトの潮流が、プリウスに影を落とそうとしています。各国が厳密にＥＶ、つまり排ガスを出さない車だけの販売を認めることになれば、ハイブリッド車のプリウスは販売できなくなるのです。

トヨタの資本力と技術力をもってすれば、国際競争力のあるEVを開発することは可能でしょう。しかし、トヨタにかぎらず、自動車メーカーにとってEVシフトは容易なことではないのです。

自動車製造には多くの部品メーカーが関わっています。電子化の進行などによって構造が複雑になった現在のガソリン車は、エンジンだけでも1万点以上の部品が使われており、それらは技術を培ってきた専業の部品メーカーがつくっています。

EVはエンジンを積まないので、1万点以上のエンジンの部品はすべて必要なくなります。ほかにも燃料タンク、燃料ポンプ、触媒、セルモーター、ラジエーターなど、多くの部品が不要になります。

EVの部品の総点数はガソリン車の半分以下といわれますから、EVシフトが行われると、単純計算で部品メーカーの半数以上は必要なくなるのです。

自動車が基幹産業である日本の場合、EVシフトは社会に深刻な影響を及ぼすことになります。自動車製造業には約80万人が従事していますが、そのうち、約60万人は部品メーカーの従業員です。すなわち、EVシフトによって30万人以上が職を失う恐れがあるのです。

明治から昭和の半ばにかけて、日本の主要なエネルギー源は石炭であり、北海道や九州を中心に多数の炭鉱がありました。エネルギー源として石油が石炭を抜いたのは１９６２年のことです。高度経済成長期、国は安価かつ安定的にエネルギーを供給する目的で、石炭から石油へのエネルギー革命を進めたのです。

炭鉱は１９６２〜１９６３年をピークに、次々に閉山していきました。１９５５年以降、９２８炭鉱が閉山し、離職者数は20万人を超えています。

閉山がピークを迎えていた当時は高度経済成長期であり、産業界に受け皿がありました。職を求めて遠方への移住を余儀なくされるという苦労はあったにしても、再就職そのものが困難ということはありませんでした。

しかし、**ＥＶシフトが進む時代は、社会のＡＩ化が進む時代でもあります。**エネルギー革命のときのように、十分な受け皿が用意されることはないでしょう。

かといって、日本の自動車メーカーが自動車産業の構造を維持しようとしてＥＶシフトと距離を置き、ガラパゴス路線を選べば国際競争力は低下します。

ＥＶシフトは、１９０８年にアメリカでＴ型フォードの生産が始まり、モータリゼーションが起こって以来の大変革であり、その本質は自動車産業の覇権争いです。

前記したように、２０１６年の日本の貿易収支は４兆円の黒字ですが、それは約13兆円もの自動車の輸出超過があってこそのものです。日本が自動車産業の覇権争いから脱落すると、日本は慢性的な貿易赤字に陥ります。

世界的にＥＶシフトが進むこれからの10年間は、自動車メーカーの動向を注視する必要があります。

オリンピック開催国の8割は翌年に景気が減速

２０２０年には東京オリンピックが開催されます。

東京都は開催が決定した２０１３年当時、競技場の建設費や観客の消費支出などの直接的な経済効果を約３兆円と試算していましたが、その後、２０１７年3月6日には、交通インフラの整備、競技場の活用、スポーツ人口の増加といったレガシー効果を含めると、全国に約32兆円の経済効果をもたらすとの試算を発表しています。

これらはあくまでも試算であり、問題は、オリンピック後の景気が、実際にはどうなるのかということです。

過去の例が示すのは、楽観はできないということです。

１９８０年のモスクワ大会を除く過去10大会について、開催国の実質経済成長率が大会開催前後でどのように変化したかを見てみます。

翌年の成長率が開催年の成長率を上回ったのは１９９６年のアトランタ大会時のアメリカと、２０１６年のリオデジャネイロ大会時のブラジルだけです。

アメリカは開催年の３・８０％が翌年には４・４９％と順調に伸びていますが、ブラジルは開催年がマイナス３・６０％だったので、翌年（10月時点）に０・７５％とプラスに転じたとはいっても、景気は回復傾向を見せた程度ということになります。

残る８大会では開催翌年に成長率が鈍化しています。

１９９２年のバルセロナ大会時のスペインは０・８５％からマイナス１・３１％と、マイナス成長に転落しました。２００４年のアテネ大会時のギリシャも５・０６％から０・６０％と、急激に減速しています。

また、２００３年から10％以上の経済成長を5年連続で記録するなど、好調だった２０００年代の中国でも、北京大会の翌年の２００９年には成長が鈍っています。

日本も前回の東京オリンピックの際、経済成長が鈍化しました。開催年の１９６４

年の実質経済成長率は11・2％、翌年は5・7％ですから、著しい減速です。東京オリンピック後の景気後退は「証券不況」「昭和40年不況」「構造不況」などと呼ばれ、サンウエーブ工業、日本特殊鋼、山陽特殊製鋼などが倒産しています。

この不況には、オリンピック需要がなくなったことだけではなく、金融引き締め政策、山一證券の経営危機など、複合的な要因がありますが、**オリンピック直後のタイミングで発生したことは事実**です。

２０２０年の夏以降、日本経済はどのような動きを見せるのでしょうか。

リニアによって東京と名古屋が40分で結ばれる

超電導電磁石を用いる磁気浮上式リニアモーターカー「超電導リニア」によって東京と大阪を最速67分で結ぶと試算されている中央新幹線は、２０２７年、東京（品川駅）～名古屋（名古屋駅）で先行開業を予定しています。

品川駅～名古屋駅の所要時間は最速40分。中央新幹線は品川駅、名古屋駅ともに東海道新幹線のホームの地下に設けられるので、エスカレーターに乗る時間を考慮する必要がありますが、それでも現在よりも約40~50分、短縮されることになります。

東京との時間距離が短くなる名古屋市は、中央新幹線開業後を展望した都市機能の整備を進めています。

２０１５年以降、名古屋駅周辺には、大名古屋ビルヂング、ＪＰタワー名古屋、シンフォニー豊田ビル、ＪＲゲートタワー、グローバルゲートといった超高層ビルが相次いで竣工しています。また、名鉄（名古屋鉄道）の名古屋駅再開発は２０２７年まで段階的に行われ、そのなかには南北約４００メートル、高さ約１８０メートルという国内では前例がない規模の超高層ビルの建設も含まれます。

名古屋市住宅都市局都心開発部が作成したパンフレットによると、名古屋市が目標とするのは「世界に冠たるスーパーターミナル・ナゴヤ~国際レベルのターミナル駅を有する魅力と活力にあふれるまち~」であり、基本方針には「ビジネス拠点・交流拠点を形成」「玄関口にふさわしい風格と賑わいを感じさせる顔づくり」「初めての人や外国人にもわかりやすいターミナル駅を形成」など、中央新幹線によって人が集まることを前提とした文言が並びます。

ところが、中央新幹線の開業によって**ストロー現象**が起こり、名古屋市ならびに中京圏の経済が縮小するという説もあります。

ストロー現象とは、交通がストローとなって一方の地域の経済を吸い取り、他方に移す現象のことです。たとえば、商店街に店が10軒あるA町と1000軒あるB市が交通で結ばれていなければ、A町とB市は独立した商圏となりますが、交通で結ばれ、短時間で往来ができるようになると、A町の住人はB市で買い物をするようになります。結果として、A町の商店街は衰退してしまうのです。

内閣府が2017年に発表した「平成26年度県民経済計算について」によると、東京都の都内総生産が約95兆円であるのに対し、愛知県の県内総生産は約36兆円ですから、3倍近い開きがあります。

中京圏の経済規模は国内第3位であり、ストローで簡単に吸い取られるものではないでしょうが、地元が期待するほどの経済効果を得られない可能性もあります。

限界集落に必要なのは電気自動車と自動運転

今後、日本社会の高齢化はさらに進行します。

内閣府が高齢化の現状と将来像を調査した「平成29年版高齢社会白書」によると、2016年の高齢化率（65歳以上の人口が全人口に占める割合）は27・3％ですが、2025年には30・0％、2030年には31・0％に上昇すると推計されています。65歳以上を何人の現役世代（15〜64歳）で支えているかという視点で捉えると、2016年は2・2人でひとりなのに対し、2025年と30年は1・9人でひとりとなります。**年金問題の深刻さは、この数字からも明らかです。**

年金と同様、高齢化によって大きな社会問題となるのが、**限界集落**です。人口の50％以上が65歳以上の高齢者であり、コミュニティーを機能させることが困難な限界集落が多いのは過疎地です。

医療施設や商店のある限界集落はほとんどありませんから、交通手段がないと住民は、日本国憲法第25条に「すべての国民は、健康で文化的な最低限度の生活を営む権利を有する」とある生活すら営めなくなります。

過疎地の活性化は難しいでしょうが、住民に交通手段を得てもらうことによって状況を改善することはできます。

将来的に鍵を握るのは、家庭用電源で充電するＥＶと自動運転でしょう。

現在、限界集落や過疎地ではなくても、近くにガソリンスタンドがないために、ガソリンを何リットルも使って給油に行く必要のある地域はたくさんあります。家庭用電源で充電するＥＶが安価になれば、そうした地域では急速に普及するはずです。

自動運転にはアクセル、ブレーキ、ハンドルのいずれかをシステムが支援的に行うレベル１から、あらゆる条件下においてシステムだけで運転できるレベル５までの５段階があり、現在の市販車は、限定的な条件下ではシステムによる運転が可能で、緊急時などにおいては人間が対応しなくてはならないレベル３の入口にいます。

アウディはフランクフルトモーターショー２０１７でレベル５のコンセプトカーを出展しました。自動運転に不可欠なＡＩの進化は加速しますから、２０２８年までには完全自動運転の市販車が登場しているかもしれません。

家庭で充電できる完全自動運転のＥＶがあれば、限界集落の高齢者が孤立することはなくなります。近年、日本全国で社会問題になっている高齢者ドライバーによる事故もなくなります。

超高齢社会への対応策という大義名分のもと、自動車業界内には抵抗勢力もあるＥＶシフトに舵を切る政策がとられるかもしれません。

ニュータウンは都市型限界集落となる

限界集落問題は都市部も無縁ではありません。

都市部は、もともと高齢者の多い地方よりも高齢者人口の伸びが急速です。厚生労働省が2016年に発表した「今後の高齢者人口の見通しについて」によると、高齢者人口の伸び率が最大の埼玉県では、2010年に58・9万人だった75歳以上人口が2025年には117・7万人と増加し、伸び率は100%になります。以下、千葉県の92%、神奈川県の87%、大阪府の81%、愛知県の77%、東京都の60%と続き、いずれも75歳以上人口は100万人を超えます。

都市部で高齢者が集中して住む地域は都市型限界集落になる恐れがあり、近年、多摩ニュータウンはその典型と指摘されています。

東京都の多摩市、八王子市、稲城市、町田市にまたがる多摩丘陵を、東西約15キロメートル、南北約5キロメートルにわたって開発した多摩ニュータウンは日本最大規模のニュータウンです。1966年に工事が始まり、1971年から入居が進みました。**最初期に30歳で入居した人は、2018年に77歳となります。**

ニュータウンには子育て世代を中心とした、比較的、近い世代が移り住むので、住民の高齢化はいちどきに進みます。結果、同時期に建てられた集合住宅が並ぶ地区に住むのは高齢者ばかりということになり、限界集落となるのです。

首都大学東京や中央大学など、現在、16大学のキャンパスがあり、サンリオピューロランドや三井アウトレットパークなど、集客力のある施設も点在する多摩ニュータウンと過疎地の限界集落を同一視することはできません。しかし、老朽化した集合住宅が建ち並ぶ一部の地区では、まちの活力が失われているのはたしかです。

多摩ニュータウンは規模が大きいだけに、局所的な付け焼き刃の対応では域内全体の活性化は不可能でしょう。行政主導による、明確な方向性をもった新たなまちづくりが求められます。

たとえば、域内の全施設、全住宅を完全バリアフリーにすれば、超高齢社会のモデルタウンになります。多摩ニュータウンは鉄道や道路などのインフラが整っているので、行政が方向性を示せば、新たなまちづくりは難しいことではないでしょう。

多摩ニュータウンにかぎらず、高度経済成長期に入居が始まった全国のニュータウンは、流れに任せるだけでは都市型限界集落になります。明確な方向性だけが、再生を可能とするのです。

インフラの老朽化により「首都高」が危険に!?

これからの10年は、インフラの老朽化も深刻な問題となります。

水道管は地方公営企業法施行規則で耐用年数が40年と定められており、全国的に水道の整備が進んだ1970年代の水道管は更新時期を迎えています。ところが、**現在、水道管の総延長の1割以上は耐用年数を過ぎています。**

水道は、企業が製造と供給を行う電気やガスと違い、原則的に市町村や複数の自治体がつくる企業団が事業主体です。そのため、自治体の財政基盤が弱いと、水道事業にしわ寄せがくることになります。

多くの自治体では高齢者率が高くなることによって税収が減り、一方で福祉関係の歳出が増えています。水道事業は、大幅な水道料金の値上げをしないかぎり、安定的に運営するのが難しくなるばかりです。とはいえ、水道管の破損は健康被害につながる恐れもあり、耐用年数の過ぎた水道管を放置しておくわけにはいかないでしょう。

橋梁、トンネル、河川管理施設なども老朽化問題が逼迫しようとしています。

たとえば、日本には橋長２メートル以上の道路橋が約70万基あり、今後、続々と架け替えや大規模な補修が必要となる時期を迎えます。

国土交通省は、建設年度不明の約30万基を除く約40万基の道路橋を対象に、橋梁の耐用年数と考えられている建設後50年を経過した橋がどのくらいあるかを発表しています。それによると、２０１３年の段階で50年以上経過している橋の割合は約18％ですが、２０２３年には約43％と跳ね上がります。建設年度がわかっている橋だけでも17万基以上となりますから、建設年度不明の橋を含めると、２０３３年までに架け替えや大規模な補修が必要となる橋は30万基を超えることでしょう。

同時期に集中的に整備されたインフラは、老朽化の時期も重なるため、更新や修繕の財源をどのように確保するか、優先順位をどのように決定するかといった、さまざまな問題が生じます。象徴的な例が首都高速道路（首都高）です。

１９６２年12月20日、京橋～芝浦の４・５キロメートルが最初の路線として開通した首都高は順次、路線を増やし、現在の総延長は３００キロメートルを優に超えますが、そのうち、5割以上は建設後30年以上が経過しており、周到な維持管理が必要となっています。わけても建設後50年以上が経過した都心環状線、羽田線、新宿線などは老朽化対策が急がれます。

２０１７年９月には、羽田線の東品川桟橋付近の高架橋架け替え工事のために迂回路の使用を始めるなど、大規模改修はスタートしています。２０２８年度までには、ほかにも羽田線の高速大師橋、渋谷線の池尻～三軒茶屋、都心環状線の竹橋～江戸橋など、55キロメートル分の大規模改修が行われることになっており、首都高速道路株式会社によると総事業費は６３００億円となる見込みです。ただし、日本橋の高架橋を地下化する新たな計画もあり、金額はさらに大きくなる可能性があります。

さまざまなインフラが老朽化していくこれからの10年、公共事業は更新や修繕に重きを置くようになるでしょう。

16%が普及の分岐点となるイノベーター理論

ここまで述べてきたのは、ＡＩの発達、ＥＶシフト、インフラの老朽化など、現在の状況からある程度、予測できるこれからの10年です。

しかし、**投資を考えるうえで、より重要になるのは、現時点ではまったく予測のできない技術革新や、それにともなう消費行動の変化です。**

1998年の時点で、10年後の2008年にスマホやSNSが社会を変えることになると予測した人がどれだけいたでしょうか。予測できた人は投資によって大きな利益を得るチャンスがあったことになります。スマホやSNSが登場した段階で、急速な社会の変化をイメージできた人も同様です。

アメリカの著名な社会学者、エベレット・ロジャースが提唱した技術革新の普及に関する理論に「イノベーター理論」というものがあります。そこでは、革新的な商品が登場したときの購入態度によって、消費者を以下の5段階に分類しています。

1　イノベーター（革新者）

冒険心と好奇心が旺盛で、新しいものを進んで購入する人。市場全体の2・5％。

2　アーリーアダプター（初期採用者）

社会と価値観を共有しつつ、トレンドに敏感で、自ら情報を集め、判断する人。市場全体の13・5％。

3　アーリーマジョリティー（前期追随者）

比較的慎重だが、平均より早く新しいものを購入する人。市場全体の34・0％。

4　レイトマジョリティー（後期追随者）

懐疑的で、周囲のほぼ半数は使用していることを確認してから購入する人。市場全体の34・0％。

5　ラガード（遅滞者）

最も保守的で、トレンドや世の中の動きに関心が薄く、新しいものが市場に普及してから採用する人。市場全体の16・0％。

イノベーターは革新的な商品の新しさ自体を重視します。購入動機に実質的な価値はほとんど含まれません。しかし、大衆にとっての商品性とは実質的な価値であり、どれだけ革新的な技術を用いた商品でも、利用価値が低ければ2・5%のイノベーターが購入するだけです。

革新的な商品が社会に普及する契機となるのは、アーリーアダプターが評価し、購入するときです。アーリーアダプターは社会と価値観を共有していて、なおかつ価値の判断が的確ですから、他の消費者への影響力が大きいのです。オピニオンリーダーとも称されるアーリーアダプターが購入すればアーリーマジョリティーも購入することになり、あとはレイトマジョリティー、ラガードと広がる一方です。

つまり、**イノベーターの2・5%とアーリーアダプターの13・5%を足した16%が、社会に普及するか否かの分岐点になります。**

イノベーターの行動力がハイリターンにつながる

新しい技術が関連するものに投資をする際、不可欠なのはアーリーアダプターの観点です。アーリーアダプターとして、自分自身の判断に絶対的な自信があれば、堅実な投資ができるはずです。

仮に、自分自身が優秀なアーリーアダプターではないとしても、アーリーアダプターの観点で投資をすることはできます。周囲にいるアーリーアダプターの行動を観察するのです。

２００８年から１～２年の段階で、アイフォンを買い、フェイスブックやツイッターを利用していた人はアーリーアダプターです。そういう人が購入する革新的な商品は、社会に普及する可能性が高いことになります。

投資に必要なのはアーリーアダプターの観点ですが、**投資で桁違いの利益を得る起爆剤となるのは、むしろ、少数派であるイノベーターの行動力**です。

アーリーアダプターは画期的な商品やサービスに対する評価が的確ですが、評価するためにはそれなりの時間が必要なため、投資に関しては、イノベーターと比べて出遅れ感は否めません。

イノベーターになることは、アーリーアダプターになることよりも簡単です。アーリーアダプターには感性や知識が求められますが、イノベーターはただ新しいものに飛びつけばいいからです。

イノベーターの投資にはリスクがあります。しかし、成功したときはハイリターンが見込めます。

ラガードは投資には向いていません。ラガードが値上がりを続ける金融商品に興味をもち、投資行動に出るときは、市場は飽和状態です。投資のプロは、ラガードの投資をバブル崩壊の予兆と捉えます。

流行を事前に見抜く方法

アイフォンが登場した当時を思い出してみましょう。アイフォンはガラケー（携帯電話）よりも高額で、ガラケーよりもかさばり、大多数の人は、電話やインターネット（iモード）を使うのならガラケーで十分と考えていました。アイフォンが電話ではなく、非常にコンパクトなコンピューターだという認識がなかったのです。

しかし、アーリーアダプターはコンピューターだと見抜き、イノベーターは新しさそのものに飛びつきました。

総務省が発表した「平成29年版　情報通信白書」によると、２０１６年のスマホの世帯保有率は71・８％です。冷蔵庫や洗濯機などの白物家電のように１００％近い世帯保有率になることはないでしょうが、２０１７年7月時点での年代別スマホ利用率では10代が92・０％で最も高いことから類推すると、今後も世帯保有率は伸びると考えられます。

スマホが新たなプラットフォームとなったことにより、アプリやゲームの開発によって莫大な利益を上げる企業も出現しています。その多くはベンチャー企業ですから、投資対象としての旨みは十分にあるわけです。

これからの10年、スマホやＳＮＳに匹敵する革新的な商品やサービスが登場することでしょう。

それらは突然、登場します。**突然の登場に備えてアンテナを張り、イノベーターになるべきです。そして、アーリーアダプターの観点で、それらが社会に普及するか否かを見抜くことです。**また、それらの革新的な商品やサービスに関連するビジネスについても考えをめぐらせることです。

２０１７年10月27日、米アマゾン・ドット・コムの株価が急伸したことにより、同社の共同創業者で最高経営責任者（ＣＥＯ）のジェフ・ベゾス氏が世界一の富豪になりました。純資産額は９３８億ドル、日本円で約10兆６０００億円です。また、ベゾス氏に抜かれ、純資産額８８７億ドル（約10兆円）で２位のビル・ゲイツ氏もマイクロソフトの共同創業者です。

ベンチャー企業の創業者は、ときとして莫大な「創業者利益」を手にしますが、投資にも「創業者利益」はあります。

ベンチャー企業の創業者になったつもりで社会を見てみれば、投資のチャンスは見つかるはずです。

第5章

これから10年稼ぎ続ける人の条件

激変する社会では「適応力」がすべて

さまざまな学問分野で「適応」という言葉を使いますが、生物学における「適応」とは、生物種が特定の環境で生きることのできる形態、生態、行動などの性質をもっていることをいいます。生物の進化や多様性は、「適応」によってもたらされているのです。

環境に「適応」できなければ、種は絶滅します。よく知られているのは約６５５０万年前に起こった恐竜絶滅であり、数日間のうちに、恐竜ばかりでなく、アンモナイトなども含むすべての生物種の70％が絶滅したと考えられています。原因は直径10〜15キロメートルの小惑星が地球に衝突したとする説が最有力です。

環境の激変は現代社会でも起こっています。インターネットやＡＩなどの技術革新は急速で、今後、環境の変化は加速していきます。

環境が変わるのですから、人は「適応」を迫られます。いまは同じような仕事をして、同じようなレベルの生活をしている人が、環境への「適応」の結果、違う生活をするようになることもあるでしょう。

ガラパゴス諸島のリクイグアナとウミイグアナは、同一種が、海と陸に生活の場所を分けたことで「種分化」したものですが、技術革新は人間社会に種分化を発生させます。すでにインターネットの発達は、情報ネットワークを正しく利用できる人とできない人、すなわちネットリテラシーのある人とない人に種を分けました。

ＡＩが普及すると、ＡＩ社会に「適応」できる人とできない人への種分化が発生するのは必然です。

種分化をしてでも生存できていれば、まだ救われているのかもしれません。ＡＩ社会にまったく「適応」できなければ、職を失い、収入を絶たれます。

インターネットそのものやインターネット関連のブロックチェーン、Ｐ２Ｐなどは文化や経済の国境を曖昧にします。

大陸と陸続きになったことのないガラパゴス諸島には、独自の進化を遂げた固有種が多くいますが、ほ乳類と両生類はいません。イグアナやゾウガメが悠々と暮らしていますが、大陸と地続きになるとすれば、安閑とはしていられないでしょう。


情報通信技術の発達は、世界中を地続きにしています。

日本市場および日本製品のガラパゴス化が問題視されるようになってから10年以上が経ちますが、日本の経済の仕組みや企業風土が変わらなければ、今後は危機的な状況を迎える恐れもあります。

たとえば、世界的に進行中のＥＶシフトへの対応を誤れば、自動車産業は衰退します。日本の基幹産業ですから、その影響は甚大です。

私たちは激変する社会環境に「適応」しなければなりません。

第４章では、２０２８年までの10年間に起きる社会の変化を予測しました。最終章となる第5章では、社会の変化に「適応」し、これから10年稼ぎ続けるための考え方や生き方を探ります。

ビットコインは終わり、ブロックチェーンは世界を変える

世界、とくに経済の世界は、姿を変えつつあります。一つの事件から、世界がどのように変わっていくのかを推測してみましょう。

２０１８年1月26日、仮想通貨取引所のコインチェックから時価総額約５８０億円

の仮想通貨ＮＥＭが流出したと報じられました。

２０１４年のマウントゴックス事件以来の仮想通貨の大量紛失事件であり、仮想通貨の安全性が疑問視されることになりました。

ただし、ここで整理しておかなければならないのは、**「ブロックチェーン」という技術を使った仮想通貨そのものの安全性と、仮想通貨を扱う取引所の安全性はまったく別のものであるということです。**

コインチェックは、本来であれば外部と隔離された「コールドウォレット」に保管すべきＮＥＭを、「システム的に難しかった」という理由から、オンラインの「ホットウォレット」で保管していました。その結果、システムの脆弱性を突かれて、不正アクセスの標的となったのです。

最新技術である仮想通貨を、従来の技術で管理したから起きた事件であり、仮想通貨そのものの信頼性が揺らぐものではないのです。

仮想通貨の根幹をなす技術はブロックチェーンです。

ブロックチェーンは電子的な情報を記録する技術であり、複数の個人の端末が対等につながるＰ２Ｐネットワークによって管理されています。

仮想通貨の取引記録はブロックチェーンによって台帳に記入され、管理されます。ネットワークの参加者はすべての取引を確認することができますから、記録の改ざんや不正取引は不可能です。

ここに仮想通貨と従来の通貨の決定的な違いがあります。

従来の通貨は、国家という主体となる管理者がいますが、仮想通貨には特定の管理者がいないのです。仮想通貨は、主体となる管理者がいないことによって、万全な管理が可能になるという、逆説的かつ画期的な技術です。

国家という管理者は、特定の管理者を設ける必要のある管理技術、すなわち従来の通貨の管理には最もふさわしい存在でしょうが、100％信頼の置ける管理者ではありません。国家財政が破たんすれば、通貨も価値を失うのです。

現在はまだ、国家が管理する法定通貨のほうが圧倒的に信頼されていますが、仮想通貨の安全性が認識されて、仮想通貨の流通量が法定通貨を凌駕する日が来ないとはいえないのです。

ちなみに、電子的な通貨ということで、電子マネーと仮想通貨を混同している人がいますが、電子マネーはＳｕｉｃａならＪＲ東日本、ＷＡＯＮならイオン銀行というように管理主体があり、仮想通貨とはまったく別のものです。

仮想通貨がつくられる「ハッシュ関数」とは

仮想通貨の技術、ブロックチェーンはインターネット関連の技術ですから、ハッキングによって記録の改ざんや通貨の偽造が行われるのではないかと危惧する人もいます。しかし、ブロックチェーンでの不正は事実上、不可能です。

それは**仮想通貨のデータが「ハッシュ関数」でつくられるから**です。ハッシュ関数は一方性処理であり、ハッシュ化されたデータから元のデータを割り出すことはできないのです。

わかりやすくするために、ハッシュ関数をたとえ話にしましょう。

クミン1・28グラム、コリアンダー2・01グラム、カルダモン1・73グラム、オールスパイス3・16グラム、ターメリック1・99グラム、唐辛子2・06グラムを使い、火加減などを同じ条件にしてカレーのルーをつくると、同じ味のルーをつくることができます。

しかし、味を見て、使われているスパイスの分量を正確に当てることは、ほぼ不可能でしょう。まったく同じ味をつくりたければ、正確なレシピが必要なのです。

仮想通貨の記録改ざんや偽造をするとなると、ハッシュ化されたデータから元のデータを割り出さなくてはなりません。ハッシュ関数の分析の難しさは、カレーのルーの比ではないため、不正は事実上、不可能なのです。

ブロックチェーンは安全性が極めて高いのに加えて、コスト面でも大きなメリットがあります。管理者が必要ないため、管理費を従来よりも大きく低減することができるのです。

現在は仮想通貨の技術として注目されているブロックチェーンですが、今後はさまざまな分野に応用されることになります。

一例は、保険会社を介在させずに、その保険を必要とする人だけが加入し、互いに保障や補償をする**「P2P保険」**です。Ｐ２Ｐ保険は、非常に限定的な保険にすることができますから、ユーザーからすれば効率的です。

たとえば、富士山登山道の開通期間に限定した富士登山のＰ２Ｐ保険があれば、登山道開通期間の転倒や滑落は稀であり、また、保険会社の手数料も発生しないため、登山者は低コストで登山にともなう事故に備えることができます。

企業の資金調達も、従来の株式を発行し、証券会社の仲介によって行うＩＰＯから、ブロックチェーン技術を用いてトークン（代用貨幣）を発行するＩＣＯに変えることによって、迅速化とコストダウンが図れます。

「中央集権」から「個の時代」への準備を

ここまで、仮想通貨の根幹技術であるブロックチェーンが、いかに斬新な技術であるかということを集中的に述べてきましたが、話の発端は、仮想通貨取引所からの仮想通貨流出事件でした。

この事件は、今後の経済、社会の変化を示唆しています。

仮想通貨流出事件の本質を端的にあらわすなら、古いシステムが新しいシステムを毀損したということです。

古いシステムとは中央集権的な管理によるシステムです。設立6年の会社とはいっても、新しい技術である仮想通貨を扱うコインチェックは古いシステムのうえに立脚しています。事件が発生した際、創業社長が謝罪しましたが、これが中央集権的なシステムであることの証左です。

もちろん、企業であるからには代表がおり、中央集権的なシステムになるのは必然ですから、コインチェックがほかの企業と比べて相対的に古いわけではありません。つまり、企業を中心とする旧来の経済システムそのものを、古いものと見なすことができるのです。

一方、新しいシステムとは中央集権的な管理を必要としないシステムです。ブロックチェーンやＰ２Ｐは、個人を古いシステムから解き放とうとしています。

中央集権から個へ。この時代認識は非常に重要です。

「新技術」と「旧来のもの」を組み合わせる創造力をみがく

個人が古いシステムから解き放たれて自主性をもつと、古いシステムの主君として君臨していた国家や企業の役割は、相対的に小さくなります。

それは、個人が国家や企業を頼りにできなくなるということであり、自主性のない個人は時代の変化の前に立ちすくむことになります。

個人が古いシステムから解き放たれて、完全にＰ２Ｐの社会になると、社会の公平性は高まるという論があります。一方で、格差が現在よりも激しくなると予想する説もあります。

新しいシステムが完成する最終段階でどうなるかはわかりませんが、少なくとも10年後、20年後までは、格差は広がる一方でしょう。

国家や企業を頼ることができない社会で、個人はどのように考え、どのように行動すればいいのでしょうか。

理想的なのは、新しい技術を用いたビジネスを構築することです。

新しい技術を用いたビジネスは、新しい技術を開発することとは違いますから、技術的な専門知識がなくても可能です。

新しいモノやサービスは、ブロックチェーンのように概念から斬新なものもありますが、旧来のものを新しい技術と組み合わせたものが圧倒的に多いのです。

たとえば、ＤｅＮＡやＧＲＥＥを急成長させたソーシャルゲームは、２０００年代に新しい技術だったＳＮＳに、当時、普及していた携帯電話と１９７０年代からあったコンピューターゲームを組み合わせたものです。

共同創業者のジェフ・ベゾス氏が世界一の富豪となったアマゾンのビジネスも、新しい技術のインターネットと、従来の通信販売を組み合わせたものです。

コンパクトなサイズに高機能を集約させたアイフォンも、そのこと自体は画期的ですが、パソコン、カメラ、音楽再生プレーヤーなど、古くから存在するもので構成されています。

新しい技術に、旧来のものを組み合わせることで、新しいビジネスは生まれます。

ブロックチェーンなどのフィンテックやＡＩを使って、何ができるか。そのことをつねに考えていれば、チャンスは訪れるはずです。

お金持ちになるには「起業」か「投資」しかない

インターネットを用いるビジネスには、ひとたび有用性が認められると、短期間で広く社会に普及するという特質があります。

ユーザーが飲食店を評価する「食べログ」のサービスは２００５年3月にスタート

しましたが、２０１７年9月時点での総ページビューは月間19億２９１６万PV、月間総利用者数は１億４４９万人に達しています。

面白いのは、食べログの原型は、一般の個人による評価、つまり口コミということです。ミニマムなコミュニケーション手段である口コミをインターネットで集積することにより、巨大なメディアとなったのです。まさに**パラダイムシフト**です。

食べログの成功は、大きなヒントを与えてくれます。

- **新しいものと古いもののマッチングがいいと、パラダイムシフトが生まれる。**
- **古いものは、身近にあるものでいい。**

さらに重要なのは、次のことです。

- **インターネットにおけるビジネスとは、プラットフォームをつくることである。**

アマゾンも楽天市場もＬＩＮＥもクックパッドもｉＴｕｎｅｓも、すべてプラットフォームです。フィンテックやＡＩなどの新しい技術と、マッチングのいい身近な古いものを組み合わせることができれば、パラダイムシフトが発生します。起業をめざすのであれば、この方向性でしょう。

これからの10年もお金持ちであり続けるためには、**最新技術と古いものの組み合わせを意識すること**です。これは起業を志す人にかぎりません。

本書で何度も繰り返してきたことですが、フロー収入に頼る生活は、今後、壁にぶつかる可能性が少なからずあります。フロー収入に頼って生活をしている人は、現在の生活を見直すべきなのです。

起業しないのであれば、残る選択肢は投資しかありません。

新しい技術と古いものの組み合わせを投資にあてはめるとどうなるでしょう。

新しいものの典型はＣＦＤです。ビギナーの個人が参加しやすいという意味で、旧来の株式、不動産、先物取引などよりも新しい投資といえます。

古いものの代表は、紛れもなく金です。

ＣＦＤで金を扱い、収益の安定性を高め、また、リスクを回避するために銀の反対売買を用いる「金銀トレード」は、新しい技術と古いものの組み合わせという観点からも、時代に合う投資と断言できます。

ほぼすべてのビジネスはインターネット化する

中央集権から個へという時代の動きについて、さらに考えてみましょう。

個人にとってのビジネスチャンスは確実に広がります。

総務省が発表した「平成29年版　情報通信白書」にある「インターネットの普及状況」によると、2016年のインターネット利用者数は、2015年より38万人増加して1億84万人。人口普及率は前年比0・5％増の83・5％となっています。利用者数、人口普及率とも基本的に右肩上がりで推移してきたため、現在はさらに数字を伸ばしていることでしょう。

個の時代を支えるのは、全国の下水道普及率（下水道利用人口／総人口）78・3％を上回るほどの社会インフラとなっているインターネットです。

つまり、今後ほぼすべてのビジネスは、インターネットを介して行われるわけです。

従来型のビジネスは、企業名や資格、学歴といったものが信用力につながり、ビジネスを有利にしていました。また、官に近い企業に勤めていたり、国家資格が必要な職業についていたりしたほうが、安定した収入を得やすくなっていました。

しかし、今後は、従来型のビジネスでは有利とされたそれらの属性がなくても、成功を収めることが可能です。また、インターネットビジネスは参入に組織を必要としません。たったひとりでビジネスを始めて、お金持ちになった人はたくさんいます。

ただし、既存の価値観に基づくビジネスでは、大きな資本を動かすことのできる先行企業に勝つことは困難です。たとえば、Aという製品を個人でインターネット販売するとしても、同じAを大量に仕入れることでスケールメリットを得られる企業よりも優位に立つことはできないでしょう。

これから新たなビジネスを始めるならば、**既存の価値観から離れてみる**ことです。インターネットビジネスで最も大切なのは発想力なのです。

たとえば、このようなモノやサービスを求める人が世の中にいるのかと疑問に感じられるようなものを商品にすることが、ビジネスになるケースもあるでしょう。いうまでもなく、インターネットの大きな特質は、不特定多数の人に情報が届くことです。多くの人の目に触れることにより、一見、不要と思われるモノやサービスに価値が生まれることがあるかもしれません。

また、情報の発信に多額の費用を必要としない点もインターネットの特質です。とりあえずビジネスを始めてみるというフットワークの軽さによって成功を手にすることもできるでしょう。

「ビジネスをする人」と「労働する人」の格差は広がる

ＡＩによって、今後は未曽有のリストラ時代になることも予想されるいま、個人の生活を守るためにしておかなければならないのは、創業者利益を得られる「起業」や、ストック収入を得られる「投資」です。

フロー収入に頼る生活をしてはいけない理由を、つけ加えておきましょう。つけ加えるとはいっても、軽いものではなく、大きく重い理由です。

多くの人は「労働」が仕事ですが、お金持ちは「労働」を仕事とは考えません。お金持ちにとっての仕事とは「ビジネス」です。

私はもちろん、労働の意味や価値を否定しませんが、お金の流れという観点から労働を捉えると、理不尽な現実が見えてきます。

フロー収入で生活をしている人が豊かになることを願うと、懸命に働くことになります。その結果、給与は上がり、その分、豊かな生活ができるようになります。

しかし、**労働が生み出すお金は、働いた人よりもビジネスをしている人の側に多く流れることになります。** ひとりが労働で得るお金の10％がビジネスの側にわたったとしても、働く人が１００人いれば、ビジネスの側はひとりが労働で得るお金の10倍を受け取ることになります。

働く人ががんばって収入を増やせば増やすほど、ビジネスをする人はそれを上回る勢いで収入を増やすことになるのです。

つまり、ストック収入を得る人とフロー収入を得る人の格差は、つねに広がる一方なのです。

納得してもらえましたか。

資本主義社会において、格差が広がる一方なのは、必然なのです。

コツコツ働くことは美徳とされ、「稼ぎに追いつく貧乏なし」などという格言もあります。たしかに、精を出して働けば貧乏にはならずにすむでしょうが、お金持ちにはなれません。

経済学者や専門家の予測は信じないほうがいい理由

どのような投資をするにしても、例外なく力を入れる必要があるリスク管理について触れておきましょう。

投資の、少なくとも中級者以上は、経済学者やマスコミに登場する専門家の経済予測を信用しません。当たるときもあるし、外れるときもあるからです。経済学者や専門家の予測は「わからないこと」なのです。

アメリカの連邦準備制度理事会（ＦＲＢ）議長といえば日本の日銀総裁にあたるような立場ですが、２００８年当時のベン・バーナンキＦＲＢ議長は、同年４月、「ベアー・スターンズのような問題が起こるとは想定していない」と発言しています。

ベアー・スターンズの問題とは、ゴールドマン・サックス、モルガン・スタンレー、メリルリンチ、リーマン・ブラザーズに次ぐアメリカ第５位の投資銀行だったベアー・スターンズがサブプライム住宅ローン問題によって経営が急速に悪化したことをさしています。ベアー・スターンズは結局、バーナンキ議長が発言した翌月の5月、最大手の銀行持株会社、JPモルガン・チェースに救済買収されています。

バーナンキ議長は、「これ以上の投資銀行の破たんは想定していない」と発言したことになりますが、投資銀行第4位のリーマン・ブラザーズが破たんし、株価が急落するリーマンショックが発生したのは同年9月のことです。

国の金融政策を預かるFRB議長の発言だからと信じて、強気の投資を続けていたら、大きな損失を被ったことになります。

国内の経済学者や専門家の予測が外れたケースをあげても切りがないので、具体例は示しませんが、インターネット上には、すでに結果の出ている過去の予測が数多く残っています。それらを見れば、経済学者や専門家の予測がいかにあてにならないものかがわかるでしょう。

国の金融政策にコミットしているような経済学者の場合、政策の遂行のために恣意的な発言をすることもあります。マスコミに登場する専門家のなかには、マスコミ受けを狙って、インパクトの強い発言をする者もいます。

私は、そうした発言をする経済学者や専門家のことを無責任であると批判するつもりはありませんし、むしろ、当然のことだと思っています。経済の大きな動きとは別に、個人の生活があるからです。

ラガードの投資はバブル崩壊の予兆

一方、経済予測に関連して、投資家が「信じられること」もあります。それはイノベーター理論で分類するところの**ラガードの行動**です。

特定の金融商品にラガードが興味をもち、投資をするようになったら、お金持ちはその金融商品に投資をしませんし、少なくとも警戒感はもちます。

競馬をやる人ならばわかるでしょうが、競馬で旨みがあるのは、実力のある馬を自分の目で見抜き、人気のないうちに馬券を買うときです。

生涯獲得賞金が18億7684万3000円で歴代1位となった競走馬キタサンブラックは、歌手の北島三郎オーナーの愛馬ということもあり、競馬をやらない人もその名を知るような馬です。しかし、2015年10月の菊花賞で初めてG1レースを勝った当時は、世代のトップクラスに続く2番手グループの一角といった評価で、単勝（1着になる馬を当てる馬券）は13・4倍でした。

その後もG1勝ちを積み重ねることで、その実力は大多数が認めるところとなり、引退レースとなった2017年12月の有馬記念では、単勝1・9倍という圧倒的な人気を集めることになりました。有馬記念ではG17勝目となる勝利を上げ、ファンの期待に応えたわけですが、菊花賞と比べれば、馬券の旨みの違いは明らかです。

また、キタサンブラックは実力が広く知られていた2017年6月の宝塚記念で、生涯最高となる単勝1・4倍という支持を集め、9着に敗れています。結果的には、リスクとリターンのバランスが極めて悪かったということになります。

投資も同じことです。**市場というパイの大きさには限度があるので、腰の重いラガードが参入してくる段階にもなると、飽和状態です。**２０１８年1月のビットコインの暴落は典型といえるでしょう。

お金持ちはラガードの投資をバブル崩壊の予兆と捉えます。

１９２９年にニューヨーク株式市場が暴落し、世界大恐慌が起こった際、あるアメリカの名高い投資家が、暴落の直前に株を売り抜け、損害を出さなかったという逸話が残っています。

なぜ、売りの判断をしたかというと、自分のオフィスの近くに靴を磨きに行ったとき、靴磨きの少年が「株で儲かった」と話すのを聞いたからです。投資とは無縁であるはずの靴磨きの少年までもが株の話をするようでは、相場は飽和状態にあると読み切ったのです。

バブルの崩壊は、人間の恐怖心によって引き起こされます。株価が下がり続けるのを見ていると、経験が豊かなはずの投資家でも、このままではすべての株が無価値になるという恐怖にかられます。恐怖に耐えられなくなると、その時点で大きな損失が確定するとわかっていても、売りに出ます。売られた株が市場に出ると、株価はさらに下がります。株価が下がると、恐怖はさらに大きくなり、さらに株が売りに出されます。この悪循環に陥ると、バブルは完全に崩壊します。

バブル崩壊は、理性ではなく、恐怖心によって引き起こされます。理詰めの経済学では予測できないのです。

市場が飽和状態で、一触即発であることを予知するには、体感的なことに頼るほかありません。それは、靴磨きの少年の話や、ラガードの行動から、何かを察知することなのです。

日常的に「リスクアセスメント」の練習をする

リスク管理に関して、私の個人的な考え方を述べるなら、私は**「リスク特定」「リスク分析」「リスク評価」**のプロセスによる**「リスクアセスメント」**を行いますが、確率に準じてリスク管理をすることはありません。

政府の地震調査研究推進本部が発表した「全国地震動予測地図２０１７年版」によると、今後30年以内に震度6弱以上の揺れに見舞われる確率が最も高い都道府県庁所在地は85％の千葉市で、以下、81％の水戸市と横浜市、74％の高知市、72％の徳島市、69％の静岡市と、太平洋側がハイリスクとなっています。

都市が地震によって機能不全に陥ると経済への影響は甚大ですから、投資のリスクとして考慮するのは当然です。

しかし、私は85％の千葉市も69％の静岡市も、０％でも１００％でもないという意味では同じだと捉えます。都道府県庁所在地のなかで、今後30年以内に震度６弱以上の地震発生確率が０・９２％と最も低い札幌市も、０％でも１００％でもないという意味においては、ほかの都道府県庁所在地とまったく同じなのです。

投資におけるリスク管理では、私は発生確率が０％でないかぎり、リスク発生に対する備えはします。すなわち、「リスクアセスメント」で洗い出したすべてのリスクに対して、対応策を考え、リスク発生に備えます。

罹患率が10万分の１の病気があるとして、自分がその病気に罹患したら、自分にとっての罹患率は１００％です。自分が罹患したときに、全体の罹患率は一切の意味をなくします。

投資についても同じことです。自分がリスクの直撃を受ければ、全体の発生確率がどれだけ低くても、自分にとっての発生確率は１００％で確定します。

１００％で確定してしまう恐れがあるかぎり、私はリスクに対して備えます。これこそが、正しいリスク管理だと考えています。

お金を「稼ぐ」ではなく「操る」感覚を身につける

最終の第5章も大詰めとなり、私が本書のタイトルに「お金3・6」という言葉を用いたことについて、その意図するところを記そうと思います。

しかしながら、本題に入る前に、いま一度、お金とは何かについて考えてみましょう。というのも、本書の執筆に入ったのは2017年12月であり、現在は2018年2月7日ですが、この間にもお金と経済にまつわる象徴的なニュースが複数、報道されたからです。

2017年12月に200万円を突破したビットコインは、年が明けた1月17日に暴落し、2月7日現在、84万円前後で推移しています。

1月26日には仮想通貨取引所のコインチェックから時価総額約580億円の仮想通貨NEMが流出しました。

2月5日のNYダウ平均株価は前週末比1175・21ドル安と暴落し、これはリーマン・ブラザーズの破たんを受けた2008年9月29日の777ドルを大幅に超える、過去最大の1日の下げ幅となりました。しかし、翌6日は前日比567・02ドル高と反発しています。

これらの事象によって、大きな損失を被った人はたくさんいることでしょう。株価の反発によって利益を得た人もいるでしょう。そして、そんなこととは関係なく、多くの人は、いつもと同じ日常を生きています。

投資とはリターンを求めるものだからこそ、リスクがあって当然です。また、株式市場が暴落しても、市民生活が危機的な状況に陥らないことは過去の例が示していますす。ですから、私はこれらのお金にまつわるニュースに接しても、いささかの感慨もありません。

ただし、私は、お金を操る側で居続けようと思っています。お金に振り回されることは避けようと、心に誓っています。そして、そのためには、お金を知ることです。

意外と知らないお金が持つ三つの機能

お金とは、なぜ、必要なのでしょうか。もちろん、個人にとっては、お金がなければ生きていけないから必要なのです。しかし、ここで考えたいのは、そもそもお金とは人間社会において、なぜ必要なのかということです。

お金には**「価値保存」「価値尺度」「交換媒介」**の三つの機能があり、たしかに、それらの機能は社会生活を支えています。

100円玉には100円の、1万円札には1万円の価値が保存されているから、私たちは生活に必要なものを随時、手に入れることができます。

時給1000円で雇用関係が成立するということは、雇う側と雇われる側、双方の時間に対する価値の尺度が、1時間1000円で一致しているということです。

また、交換媒介としてのお金があるから、物々交換をするための物品を持ち歩かなくても、私たちは生活することができます。

たしかに、お金は人間社会に必要なものに思えます。

しかし、第2章でも触れたように、P2Pネットワークによって世界中の人がつながると、理屈のうえでは「価値保存」も「価値尺度」も「交換媒介」も必要なくなるのです。

お金は、人間が生きていくうえで、どうしても必要なものなのでしょうか。

人間が生きていくうえで、根源的に必要なものは、酸素と水と太陽の光です。これらは地上で生活していれば、特殊な状況にないかぎり、容易に手に入ります。

自分のまわりの酸素はすべて自分のものだと主張する人はいません。自国の領土の酸素はすべて自国のものだと主張する国はありません。それは酸素が容易に手に入るからです。

国際河川の場合、上流の国がダムを造るなどして国家間の争いになることはありますが、これは人間社会が起こしている問題であって、基本的に人間は、水も容易に入手することができます。

太陽の光も同様です。どれだけ高緯度な地域にも陽光は届きます。

すべての進化は環境に「適応」した結果ですから、人間が根源的に必要とするものは容易に手に入って当然なのです。

皮肉なことに、人間が創造したお金は、容易に手に入るものではないために、さまざまな問題を生じさせることになりました。お金が必要となる社会に「適応」できなければ、人は生きていくことができません。そして、格差が拡大する一方のいま、生きていけない人も増える一方です。

逆説的に捉えると、誰もが容易に手に入れることのできないお金とは、果たして人間にとって必要なものなのかという疑問が湧いてきます。

バージョンアップするお金の歴史を理解する

物事には耐用年数があります。

コンパクトディスク（ＣＤ）は１９８２年に市販化され、数年後には従来のアナログレコードを過去のものにしました。しかし、音楽配信が一般的になったいま、ＣＤは、商品として流通しているとはいえ、実質的にその役目を終えようとしています。結果的にＣＤの耐用年数は、アナログのＬＰレコードとほぼ同じ、30年余りだったことになります。

個人が所有する移動手段の王者だったガソリン車やディーゼル車などの内燃機関自動車は、今後、ＥＶにその座を譲ることになるはずです。大衆車のＴ型フォードの生産が始まったのが１９０８年ですから、内燃機関自動車の耐用年数は１２０年ほどということになるでしょう。

続いて、スケールを大きくして国家の耐用年数です。ヨーロッパ史上最大の帝国であるローマ帝国は、初代皇帝アウグストゥスの時代から東ローマ帝国の最後の皇帝コンスタンティノス11世の時代までと捉えると約１５００年です。

それでは、お金の耐用年数はどのくらいなのでしょうか。古代メソポタミア、エジプト、インド、中国では金貨や銀貨などが使われていたので、現行の形状に近いお金は、少なくとも２５００年以上は使われています。

すなわち、古代文明のお金を「お金1・0」とすれば、「お金1・x」の歴史は、紙幣の開発や、電子マネーの登場といったバージョンアップを繰り返しながら、いまも続いているのです。

多くの人にとって、お金とは、そのことを意識するか否かにかかわらず、「お金

1・x」の「x」が更新されていって当然のものでした。つまり、いわゆる「お金」の耐用年数は、人間社会があるかぎり、果てしないものであると考えていたのです。ところが、2009年、概念が「お金1・x」とは根本から異なる「お金2・0」が突如、出現しました。**仮想通貨**です。

繰り返し述べてきたように、従来の法定通貨と仮想通貨の決定的な違いは、前者が国家によって管理されるものであるのに対し、後者には特定の管理者がいないということです。ブロックチェーン技術を用いた仮想通貨は、特定の管理者を必要としないからこそ、人間社会に革命を起こす可能性があります。今後、「お金2・x」の「x」は、加速度的な勢いで更新されていくのかもしれません。

一方、「お金2・0」はバージョンアップが進まずに、「2・0」のままで消えていく可能性もあります。仮想通貨をめぐるトラブルが増えると国家が規制に入ることは十分に予測されますし、事実、中国や韓国は規制を強化しています。

さまざまな「信じられること」から判断すると、現状、仮想通貨には「わからないこと」が多過ぎます。よって、私は、投資の軸足を仮想通貨に移すことは時期尚早と考えます。

ただし、「お金2・0」の登場は、「お金1・x」にも耐用年数があることを示唆しているとは考えられないでしょうか。すなわち、人間は「お金1・x」を必要としなくなるかもしれないのです。

「お金3・6」に込められた驚異のメッセージ

さて、「お金3・6」です。

私は、「お金2・0」の今後の展開にかかわらず、早晩、「お金3・0」が出現すると考えています。

それは、ずばり、**AIが構築し、AIが管理するお金のシステム**です。

AIが進化すると、企業の経営もAIが担うと予測されています。ワンマン経営者が独断で判断したり、役員が合議制で方針を決定したりするよりも、AIが経営を担うほうが企業は高い収益を上げることができると考えられるからです。

企業の経営とは、企業の管理を意味しています。つまり、AIは人間よりも正しく管理ができるということです。

そうであるならば、ＡＩはお金も正しく管理することができるはずです。法定通貨「お金１・ｘ」と仮想通貨「お金２・０」の決定的な違いは、前者は国家が管理し、後者は特定の管理者がいないということです。特定の管理者がいないとしても、不特定多数による監視システムはあるわけで、いずれにしても「人間」が管理することに変わりはありません。

ところが、ＡＩが管理する「お金３・０」は、人間の管理を必要としません。「お金３・０」が「お金１・ｘ」や「お金２・０」を駆逐すれば、私たちは、ＡＩによる通貨システムの支配下で生活することになります。

私は願いを込めて、本書のタイトルに「お金３・６」を用いました。

ＡＩによる「お金３・０」が出現することは不可避でしょう。しかし、お金は、私たち人間がコントロールしなくてはいけません。「お金３・０」から、ふたたび人間に手による「お金４・０」に進むことを願っての「お金３・６」です。

また、「３・６」には３６０度のイメージもあります。**お金が人類史を１周し、人が必要とするモノを結ぶ、純粋な物々交換の媒介物に戻ったとき、私たちは、お金の真の有用性に気づくことでしょう。**

お金持ちになることは幸せを手に入れるための手段

お金持ちになるために不可欠なのは、お金持ちになるという強い意志です。強い意志をもって「起業」や「投資」をすれば、お金持ちになることはできます。

ただし、お金持ちになることは人生の目的ではありません。たくさんのお金をもつことは、幸せに生きるための手段です。

第1章の冒頭でも書いたように、収入や資産と心の状態はリンクするから、お金持ちをめざすのです。

そして、幸せを感じるために必要なものは、お金以外にもたくさんあるようです。

２０１７年3月20日、国連は「世界幸福デー」と定めているこの日に、「世界幸福度ランキング２０１７」を発表しました。１５５ヵ国を対象として、国民の自由度、ひとりあたりの国内総生産、政治、社会福祉の制度などをもとに「幸福度」を数値化したランキングです。

1位のノルウェー、2位のデンマーク、3位のアイスランドなど、最上位は北欧の国が占め、以下、スイス、フィンランド、オランダ、カナダ、ニュージーランド、オーストラリア、スウェーデンと、ヨーロッパや北米、オセアニアの国が続きます。日本は51位で、先進国のなかでは最下位といえる順位です。東アジアや東南アジアのなかでは55位の韓国、79位の中国よりは上位ですが、26位のシンガポール、32位のタイ、33位の台湾などよりも下位となっています。

参考までに主要国のランキングを記すと、アメリカは14位、ドイツは16位、イギリスは19位、フランスは31位、ロシアは49位です。

指標の策定方法など、恣意的な面があるにしても、日本人が客観的に見て、それほど幸福ではないのはたしかなようです。

なぜ、日本人は幸福ではないのでしょうか。

それは、私には「わからないこと」です。しかし、個人が中央集権的な制度や、貧困や、将来の不安から解放されることで、幸福度が高くなるのは疑いようがありません。**解放された個人が幸せを得られるのは、私には「信じられること」です。**

これからの10年、個人と個人を結ぶブロックチェーンやP2Pの技術によって、個人が経済的な豊かさを手にするとともに、個人を制約するさまざまなことから解放されて、幸せになることを期待しています。

あとがき

本書を最後まで読んでいただき、心より感謝申し上げます。

まず私が一番お伝えしたかったのは、あなたが決意したいま、この瞬間から、経済的自由と時間的自由を手に入れるのは可能であるということに尽きます。

そのために、私はこの本を執筆するときに、これまでの体験や知恵を包み隠さず、さらけ出そうと決心しました。巻末にあるＱＲコードより私のＬＩＮＥ＠に登録していただければ、他では絶対に知ることができないお金の情報をお渡ししていきますので、興味のある方は是非登録してみてください。

私は、２００６年のライブドアショックで大きな損害を被り、いきなり借金５００万円を背負うというどん底の生活を経験しています。

そのときは、本当に一日一日をなんとか生き延びる、それを繰り返すだけという毎日でした。

しかし、そんな私でも、少しずつストック収入の資産を増やすことを意識して、豊かで価値ある未来の計画を立て準備を積み重ねることで、いまではお金や時間にしばられることなく、自分が面白いと感じるもので日本を豊かにするためのプロジェクトを立ち上げ、新たな価値の創造に日々邁進できるようになりました。

おそらく、この本を読み終えたあなたもこれまでの常識やルールという「洗脳」から解き放たれたかと思います。

あなたの目の前に広がるのは、無限の可能性と圧倒的な自由です。


世界には、訳がわからないようなすごい人たちがたくさんいます。

投資家でありながら、オートバイで世界六大陸の約6万5000マイルを走破し、ギネスブックに認定されているジム・ロジャーズ氏というとんでもない男がいます。

そのジムの書いた本『冒険投資家ジム・ロジャーズ世界バイク紀行』(日本経済新聞社)の最後の解説を作家の村上龍さんが書いているのですが、そのなかでジム・ロジャーズから村上さん宛に送られたメッセージがすごく印象的だったのでここで紹介します。

「人生は短い。遠くまで行け。そして深く考えよ」

一番たいへんなのは、最初の一歩を踏み出すことです。

仮に、大きな岩を動かそうとするときは、最初に大きな力が必要となります。ですが、いったん転がり出すとどんどん加速して転がっていきます。

同様に、あなたが最初の一歩を踏み出すと、その一歩が加速してどんどん進んでいくのです。

大事なのは最初の一歩。あなたがいま、この瞬間に最初の一歩を踏み出すことを心から願っています。そして、最初の一歩を踏み出したあなたと直接お会いできる日が来ることを心待ちにしています。

２０１８年2月

田中保彦

←内容詳細は次のページへ

「行動を伴わない想像力は何の意味も持たない」

――チャップリン

行動しようというときに二の足を踏んでしまうのは、その行動をした後の世界を考えて不安になってしまうからです。

しかし、それは一瞬の妄想であり、行動を起こせば得られるかもしれない未来を、みすみす手放しているという事実に気づいてほしい。何もしなければ、現状維持の状態から抜け出すことはできません。

笑いながら希望を語る人間と、ため息をつきながら愚痴を吐く人間。

あなたはどちらになりたいですか？

編集協力　浅羽　晃
装　　丁　菊池　祐
ＤＴＰ　荒木香樹

【著者略歴】

田中保彦（たなか・やすひこ）

1972年、兵庫県生まれ。甲南大学卒業後、株式会社光通信、株式会社ジュピターテレコム（J:COM）にてセールストレーナーとして活躍。独自の育成理論を駆使して、多くのトップクラス営業マンを誕生させる。その後、サラリーマン時代から行っていた株式投資の収益が給料を上回るようになり、トレーダーに転身するも2006年のライブドアショックで大きな損害を被り、投資の怖さを痛感。しかし、持ち前の先見の明を発揮し、インターネットを活用した情報発信ビジネスで投資の損失を瞬く間に取り返すという離れ業をやってのける。それがきっかけとなり、2008年に情報販売最大手ASPである株式会社インフォトップ（現・ファーストペンギン）へ入社。新規部署の立ち上げや日本全国セミナー開催などさまざまな改革をもたらし、わずか1年8ヵ月で代表取締役に抜擢。同社の躍進に大きく寄与。2012年、インフォトップ代表辞任後、自身が設立したグループ企業十数社の経営に携わり、M&Aで証券会社のグループ代表兼CEOに就任すると、GOLD、FXやCFD取引を主として、多くの投資家に安定して年利2桁以上の利益を還元するという驚異的な結果を叩き出す。現在、すべての会社をイグジットし、個人法人問わず日本を豊かにするためのプロジェクトを立ち上げ日々奔走している。著書に『夕方5時から「社長」になる!』（サンマーク出版）がある。

お金《かね》3.6　2028年《ねん》—これから10年《ねん》稼《かせ》げる人《ひと》の条件《じょうけん》

2018年2月28日　初版発行

著　者——田中保彦

発行者——森山鉄好

発行所——冬至書房

〒113-0033　東京都文京区本郷 2-30-14

電話 03-3868-8500　FAX 03-3868-8510

印刷・製本——新日本印刷

ISBN978-4-88582-194-3 C0030　Printed in Japan